CORRESPONDANCE
LITTÉRAIRE.

LETTRE CCLXXXVI.

1790.

La révolution qui offrira quelque jour de grands sujets, et ouvrira de nouvelles routes au talent, n'a encore fourni que de misérables ressources à la médiocrité, qui s'empresse d'autant plus de s'emparer de tout, qu'elle ne sait tirer parti de rien. Des barbouilleurs courent après les sujets qui prêtent à la liberté de penser, et qu'elle seule permet de traiter; mais ils ne songent pas que la liberté de penser et d'écrire n'en donne pas la faculté. Ainsi l'on vient de mettre au théâtre Français et à celui des Variétés, l'horrible aventure de la famille *Calas*. Les auteurs, comme on s'en doute bien, ne se sont embarrassés ni de la difficulté de mettre un procès criminel sur la scène, ni des moyens de tempérer l'horreur du sujet. Ils n'y ont vu que la misérable facilité de déclamer contre le fanatisme et contre notre ancienne jurisprudence, et de flatter la multitude aux dépens des prêtres et des parlemens : c'est aujourd'hui *le pont aux ânes*. Les deux pièces, quoique détestables de tout point, ont été applaudies ; mais aussi, quoiqu'applaudies, elles ont été abandonnées dès la seconde représentation, sur-tout celle des Français ; il est vrai que c'est encore la plus mauvaise des deux. L'auteur, M. *Laya*, qui avait déjà donné *les Dangers de l'opinion*, drame extrêmement médiocre et très-mal conçu, a imaginé dans son *Calas*, de faire du capitoul *David*, un franc scélérat, suborneur de témoins et digne de la corde : c'était dénaturer le sujet. On peut juger, par ce seul trait, de la force d'un auteur.

Une autre ressource à la portée de tout le monde, c'est de faire des espèces de pantomimes de certaines actions qui par elles-mêmes n'ont rien de propre au théâtre, quoique fort belles dans l'histoire, comme le dévouement de d'*Assas* et celui du jeune *Desilles* dans l'affaire de Nancy. On a représenté l'un et l'autre en un acte, sous le titre de *Traits historiques*, car les auteurs eux-mêmes n'osent pas donner des titres dramatiques à ces sortes de cannevas qui sont en effet des monstres sans nom. Mais l'appareil militaire, les bonnets de grenadiers, les baïonnettes, les mots de liberté et de patriotisme, font tout passer pour le moment. On n'oserait siffler une *sottise patriotique*.

LETTRE CCLXXXVII.

M. Lemière a fait imprimer sa tragédie de *Barnevelt*, composée il y a vingt ans, et dont on avait défendu la représentation, apparemment par ménagement pour la maison d'Orange, qui ne joue pas un beau rôle dans la pièce : elle a été jouée depuis la révolution ; mais on n'a pu en donner que quelques représentations avec fort peu de succès, parce qu'un académicien est toujours jugé avec plus de sévérité qu'un autre, et que la pièce est froide, sans mouvement, sans intrigue ; c'est à peu de choses près une suite de conversations politiques, et malheureusement le style ne compense pas le défaut d'intérêt ; celui de M. Lemière est un mélange de prosaïsme, de sécheresse, de dureté et d'incorrection, où l'on remarque par-ci par-là quelques beaux vers extrêmement clair-semés.

Un exposé succinct de la pièce peut faire voir combien elle est faiblement conçue.

Maurice de Nassau ouvre la scène avec un confident nommé *Adessens*, et lui fait part de ses projets : il veut asservir les sept Provinces-unies, et parvenir à faire revivre l'autorité souveraine des anciens comtes de Hollande, qui ne doit être pour lui qu'on acheminement à la royauté. Le plus grand obstacle à ses desseins, c'est le grand pensionnaire de Hollande, *Barnevelt*, vieillard respecté, et qui même a des droits à sa reconnaissance, puisqu'il lui a servi de père, et a contribué plus que personne à le faire nommer Stathouder après la mort de *Guillaume de Nassau* ; mais l'ambition connaît-elle la reconnaissance ? Un des moyens de *Maurice*, qui doit sa renommée à ses talens militaires et à ses victoires, c'est la guerre contre l'Espagne ; une trève de douze ans l'a interrompue. Depuis, l'Espagne a reconnu l'indépendance et la souveraineté des Provinces-unies ; mais il est question de décider dans le conseil des états généraux, si la trève sera renouvellée. *Barnevelt* le desire, et croit la paix nécessaire pour affermir la puissance hollandaise, qui tire toutes ses ressources et toutes ses richesses du commerce. Cette politique est très-bonne ; celle de *Maurice* est de faire la guerre pour se rendre tout puissant. Il est déterminé à tout tenter pour perdre le grand pensionnaire, si celui-ci ne se désiste pas de son opposition à la guerre. Tout cela est conforme à la vérité historique, et l'auteur aurait bien fait de la suivre en tout, et de ne donner à *Maurice*, pour perdre *Barnevelt*, que les armes du fanatisme religieux et scholastique qui régnait alors en Hollande, et qu'avaient fait naître les querelles des Gomovistes et des Arméniens. Le Synode de Dordrecht avait condamné les Arméniens, et autorisé le Stathouder à les poursuivre; c'est en effet comme auteur de la secte arménienne que le vieux *Barnevelt* fut décapité, malgré son grand âge et ses services. C'est-là ce qui prêtait à des couleurs neuves et dramatiques. Il eût fallu peindre avec énergie ce sombre enthousiasme de l'école, se mêlant par un singulier alliage à l'enthousiasme de la liberté, précisément comme le fanatisme presbytérien se mêla, du temps de *Cromwel*, à l'esprit d'indépendance républicaine.

Cet accord, qui, tout étrange qu'il paraît aux yeux de la raison, est fort dans la nature de l'esprit humain, pouvait fournir un tableau que le théâtre n'avait pas encore offert, et l'enrichir de toutes les couleurs locales que le genie poétique peut répandre. Ce n'est pas ainsi que M. Lemière a vu son sujet : il a eu recours à un moyen qui a le double défaut d'être usé jusqu'à l'excès, et d'être absolument invraisemblable. *Barnevelt* est condamné sur des lettres supposées qui le montrent d'intelligence avec l'Espagne. Il est également impossible, et qu'on ait pu ajouter foi à une imposture si grossière et si bien démentie par la vie entière et le caractère de *Barnevelt*, ou qu'il n'ait pu repousser devant ses juges une accusation si absurde. C'est par les mains du fanatisme qu'il fallait écraser son innocence. Mais la faiblesse de l'auteur a craint de porter ce grand coup, et s'accommodait mieux d'un ressort bannal qui ne demande ni développemens ni force : c'est une des grandes fautes de la pièce.

C'en est une aussi qu'une longue conversation très-inutile et très-déplacée, où *Barnevelt* explique à sa femme tous les principes de sa politique. Il n'y a nulle raison pour traiter ces grands intérêts devant une femme qui, quoiqu'épouse du grand pensionnaire, n'a, ni dans l'histoire, ni dans la pièce, aucune influence dans les affaires publiques.

C'était donc dans l'assemblée des états généraux que *Barnevelt* devait exposer la politique en concurrence avec celle de *Maurice*. Cette lutte échauffée par les différens caractères et les différentes passions des deux personnages, eût été fort théâtrale; et c'est encore une preuve de faiblesse dans l'auteur, d'avoir préféré quelques lieux communs froidement tracés entre deux personnages, dont l'un parle, et dont l'autre écoute. La femme de *Barnevelt* que l'auteur nous donne au premier acte comme un personnage assez important pour inspirer des craintes à *Maurice*, ne fait pourtant dans le reste de la pièce qu'un rôle passif : elle demande la grace de son mari, et fait des reproches à *Maurice*; voilà tout, et c'est en effet tout ce qu'elle pouvait faire.

Un ambassadeur de France, que l'auteur aurait dû nommer et caractériser (et il n'a fait ni l'un ni l'autre), ne fait ici non plus qu'un rôle postiche, qui n'est point lié à l'action et qui devait l'être. Il est de l'avis de *Barnevelt* contre *Maurice*; mais au troisième acte, il prend sur lui de faire sortir *Barnevelt* de la prison où le stathouder l'a fait renfermer; il se vante, en présence même de *Maurice*, d'en avoir la puissance, et prétend qu'on n'aurait pas dû arrêter le grand pensionnaire sans l'aveu de la France ; ce qui est très-faux et contraire à toutes les notions politiques. Il est bien vrai que la France protégeait la Hollande contre les Espagnols, leurs ennemis communs ; mais il est très-faux que les états-généraux ne pussent faire arrêter leur grand pensionnaire sans son aveu, ni que son ambassadeur eût le droit de tenir un langage si arrogant ; c'eût été donner la loi en Hollande, et la France ne la donnait pas. Qu'arrive-t-il ? c'est que l'ambassadeur se compromet par une jactance hors de propos, et que *Barnevelt* est exécuté sans qu'il puisse y mettre obstacle.

Il y a bien d'autres fautes : c'est, par exemple, encore une scène postiche, que celle du quatrième acte, où la femme de *Barnevelt* vient se jeter aux genoux de *Maurice* pour en obtenir la vie de son mari, et où tout-à-coup elle se retourne vers le peuple, sans qu'on sache comment et pourquoi il se trouve là dans le vestibule du palais du stathouder : elle veut le soulever contre *Maurice*, et celui-ci se justifie devant le peuple, qui finit par se retirer ; tout cela est froid, sans motif et sans effet. On ne conçoit pas plus comment *Stautembourg*, le fils de *Barnevelt*, qui, au cinquième acte, force à main armée la prison d'état et qui est arrêté, n'est pas puni de cette infraction des lois ; il est vrai que l'innocence de son père est reconnue après sa mort, et qu'*Adessens*, tué par ce jeune *Stautembourg*, avoue qu'il a fabriqué les fausses lettres ; mais encore fallait-il nous apprendre comment, en faveur de la mémoire de son père et de la piété filiale, on a cru devoir pardonner un meurtre et une rebellion. Cela valait la peine d'être motivé : tout doit l'être dans un drame.

Celui-ci n'est pourtant pas sans quelques beautés ; il y a une scène au quatrième acte, entre *Barnevelt* et son fils, qui est théâtrale et dialoguée avec force et vivacité ; c'est celle où le jeune homme présente un poignard à son père, pour le dérober au supplice ; il est vrai que pour adoucir l'horreur de cette proposition qui fait frémir la nature, il devrait lui dire, que tenant à la main ce poignard sanglant, il ira dans la place publique soulever tous les citoyens contre la tyrannie de *Maurice*, et qu'avec ce fer, il immolera le tyran ; voilà ce qu'il devrait dire et ce qu'il ne dit pas; mais la scène finit par un vers qui me paraît sublime.

BARNEVELT *fils.*

Libre au moins dans la mort...

BARNEVELT *père.*

Mon fils, que m'as-tu dit?...

BARNEVELT *fils.*

Caton se la donna...

BARNEVELT *père.*

Socrate l'attendit.

On n'a jamais appliqué l'histoire à une situation dramatique plus heureusement, et on n'en a rien tiré de plus beau.

LETTRE CCLXXXVIII.

Il va s'établir au nouveau théâtre du Palais-Royal, une troupe régulière en état de jouer la tragédie. Jusqu'ici la liberté accordée par le décret, n'a produit, comme on devait s'y attendre dans les premiers momens, que des essais informes. Plusieurs troupes ont essayé de représenter quelques comédies; une seule qui joue à la foire sur un théâtre intitulé, on ne sait pourquoi, *de la Liberté*, s'est hasardée dans la tragédie, mais sans aucune apparence ni aucun moyen de succès. Aujourd'hui M.me *Vestris*, M.lle *Desgarcins*, *Talma*, *Dugazon*, M.lle *Lange* et *Grandmesnil*, bon acteur qui a débuté, il y a six mois, dans les rôles à manteau, passent au théâtre du Palais-royal. Leur engagement est signé pour plusieurs années, et la troupe sera en exercice à Pâques. On espérait y avoir aussi M.me *Petit* (M.lle *Vanhove*), dont le talent se forme tous les jours. Mais elle ne voudrait pas quitter son père, et jusqu'ici Vanhove tient encore à l'ancienne troupe, ou n'a pu s'arranger avec les directeurs de la nouvelle. Cependant il n'y a encore rien de décidé.

On a joué avec succès sur ce théâtre une comédie en quatre actes, d'un comédien de Bordeaux, nommé *Martelli* : elle a pour titre *les Deux Figaros*. L'intention en est maligne et satirique; plusieurs traits sont dirigés contre *Beaumarchais*, en paraissant tomber sur son principal personnage, et cela est d'autant plus mal, que l'auteur n'a fait que travailler sur un cannevas qui appartient à l'auteur qu'il dénigre. Ce sont les mêmes personnages, et à-peu-près le même genre de comique et d'intrigue; quoique l'imitation soit très-inférieure à l'original, il y a pourtant de l'esprit, de la gaîté et des incidens bien imaginés. Le dialogue a moins de quolibets; mais il est aussi moins piquant.

M. *Andrieux*, l'auteur de la jolie comédie des *Etourdis*, m'a communiqué une petite pièce de vers, un peu faible de poésie, mais où il y a de la gaîté et du naturel dans la versification. Cela vaut un peu mieux que nos rapsodies du théâtre.

LE MEUNIER DE SANS-SOUCI,

ANECDOTE.

L'homme est, dans ses écarts, un étrange problème ;
Qui de nous, en tout tems, est fidèle à soi-même ?
Le commun caractère est de n'en point avoir.
Le matin incrédule, on est dévot le soir.
Tel s'élève et s'abaisse, au gré de l'atmosphère,
Le liquide métal, balancé sous le verre.
L'homme est bien variable.... et ces malheureux rois,
Dont on dit tant de mal, ont du bon quelquefois ;
Je l'avouerai sans peine, et ferai plus encore ;
J'en citerai pour preuve un trait qui les honore.

Il est de ce héros, de Frédéric second,
Qui, tout roi qu'il était, fut un penseur profond,
Redouté de l'Autriche, envié dans Versailles,
Cultivant les beaux arts au sortir des batailles,
D'un royaume nouveau la gloire et le soutien,
Grand roi, bon philosophe et fort mauvais chrétien.

Il voulait se construire un agréable asile,
Où, loin d'une étiquette arrogante et futile,
Il pût, non végéter, boire et courir des cerfs,
Mais des faibles humains méditer les travers,
Et mêlant la sagesse à la plaisanterie,
Souper avec Dargens, Voltaire et Lamettrie.

Sur le côteau riant, par le prince choisi,
S'élevait le moulin du meûnier *Sans-Souci* ;

Le vendeur de farine avait pour habitude
D'y vivre au jour le jour, exempt d'inquiétude;
Et de quelque côté que vînt souffler le vent,
Il y tournait son aile, et s'endormait content.

Très-bien achalandé, grace à son caractère,
Le moulin prit le nom de son propriétaire;
Et des hameaux voisins les filles, les garçons,
Allaient à *Sans-Souci*, pour danser aux chansons.

Sans-Souci! ce doux nom, d'un favorable augure,
Devait plaire aux amis des dogmes d'Epicure.
Frédéric le trouva conforme à ses projets,
Et du nom d'un moulin honora son palais.

Hélas! est-ce une loi, sur notre pauvre terre,
Que toujours deux voisins entre eux auront la guerre;
Que la soif d'envahir et d'étendre ses droits,
Tourmentera toujours les meûniers et les rois?
En cette occasion le roi fut le moins sage;
Il lorgna du voisin le modeste héritage;
On avait fait des plans, fort beaux sur le papier,
Où le chétif enclos se perdait tout entier.
Il fallait, sans cela, renoncer à la vue,
Rétrécir la façade et courber l'avenue.

Des bâtimens royaux l'ordinaire intendant
Fit venir le meûnier, et d'un ton important :
« Il nous faut ton moulin ; que veux-tu qu'on t'en donne? ».
» — Rien du tout ; car j'entends ne le vendre à personne.
» Il vous faut, est fort bon ? mon moulin est à moi,
» Tout aussi bien au moins que la Prusse est au roi. »

« — Allons, ton dernier mot, bonhomme, et prends-y garde. »
« — Faut-il vous parler clair ? — Oui. — C'est que je le garde,
» Voilà mon dernier mot. » — Ce refus effronté
Avec un grand scandale au prince est raconté.
Il mande auprès de lui le meûnier indocile,
Presse, flatte, promet ; ce fut peine inutile ;
Sans-Souci s'obstinait : « Entendez la raison,
» Sire, je ne veux pas vous vendre ma maison ;
» Mon vieux père y mourut, mon fils y vient de naître ;
» C'est mon Postdam, à moi ; je suis têtu, peut-être ;
» Ne l'êtes-vous jamais ? Tenez, mille ducats,
» Au bout de vos discours, ne me tenteraient pas.
» Il faut vous en passer ; je l'ai dit, j'y persiste. »

Les rois mal aisément souffre qu'on leur résiste.
Frédéric, un moment par l'humeur emporté,
» Pardieu ! de ton moulin c'est bien être entêté !
» Je suis bon de vouloir t'engager à le vendre !
» Sais-tu, que sans payer, je pourrais bien le prendre ?
» Je suis le maître. » — « Vous ? de prendre mon moulin ?
» Oui ! si nous n'avions pas des juges à Berlin. »

Le monarque, à ce mot, revint de son caprice,
Charmé que sous son règne on crût à la justice.
Il rit, et se tournant vers quelques courtisans,
» Ma foi ! messieurs, je crois qu'il faut changer nos plans.
» Voisin, garde ton bien ; j'aime fort ta réplique. »

Qu'aurait-on fait de plus dans une républi[

Le plus sûr est pourtant de ne pas s'y fier.
Ce même Frédéric, juste envers un meûnier,

Se permit mainte fois telle autre fantaisie,
Témoin ce certain jour qu'il prit la Silésie,
Qu'à peine sur le trône, avide de lauriers,
Epris du vain renom qui séduit les guerriers,
Il mit l'Europe en feu ; ce sont là jeux de prince;
On respecte un moulin ; on vole une province.

LETTRE CCLXXXIX.

En jetant un coup-d'œil sur l'état des trois théâtres depuis la rentrée, vous trouvez d'abord à l'opéra *Antigone*, paroles de *Marmontel*, musique d'un Italien nommé *Zingarelli* : cet ouvrage n'a eu aucun succès et il a fallu le retirer sur-le-champ. Le poëme et la musique ont paru au-dessous du médiocre. Marmontel vieillit beaucoup; il ne s'en apperçoit pas assez, et le public s'en apperçoit trop. Il a conservé, pour le travail, une sorte de facilité routinière qu'il prend pour un reste de talent; mais dans le fait il n'en a plus. Il n'y en avait pas trace dans son *Démophoon* représenté l'année dernière, et qui n'a guères été plus heureux qu'*Antigone*. Il nous donne dans le *Mercure* d'insipides radotages sous le nom de *Contes*, qui ne sont pas à beaucoup près de l'auteur des *Contes moraux*. Il est appesanti par l'âge et comme endormi entre sa femme et ses enfans; car il a le bonheur de vieillir dans les jouissances domestiques qui sont les plus douces de toutes. Il n'est pas étonnant qu'elles l'aient entièrement absorbé; c'est même un sort qu'on peut lui envier et qui vaut beaucoup mieux que de faire de bons opéras.

Antigone n'était pas un sujet fait pour le théâtre lyrique. La pièce est originairement de *Sophocle*; elle est trop grecque et d'un genre austère et triste. Elle pourrait fournir une tragédie à un homme d'un grand talent; mais on ne peut guères dans un opéra nous occuper, pendant trois actes, de la sépulture de *Polynice* et du danger d'*Antigone*, accusée d'avoir enterré son frère malgré les ordres d'un tyran.

En revanche, un ballet de *Télémaque dans l'Ile de Calypso*, a généralement réussi, et l'on sait que depuis long-temps les ballets sont la ressource de ce théâtre.

Les Italiens (car on continue ridiculement à leur donner ce nom, quoique depuis long-temps ils ne jouent plus de pièces italiennes), ont essayé une parodie française d'un ancien opéra-comique italien, de *Gluck*, intitulé les *Pélerins de la Mecque*. On y a extrêmement applaudi un petit air chanté par un derviche, une espèce de *barcarole*: d'ailleurs la pièce est tombée et n'a pas reparu une seconde fois. Les paroles sont comme toutes

B..

celles des opéras-comiques italiens, c'est tout dire, et la musique ne les rachète pas.

On a été étonné avec raison que l'auteur de *Tom-Jones à Londres*, *Desforges*, qui avait montré du talent dans cette comédie, ait pu faire une aussi mauvaise rapsodie que sa *Jeanne d'Arc*, sujet qui n'était pas fait pour le théâtre Italien, et qui pourtant, à cause du spectacle, n'est pas entièrement tombé. Cet ouvrage est absolument dans le genre sérieux et rempli du merveilleux de la religion. *Jeanne d'Arc* y parle toujours en inspirée; elle prédit à *Charles VII* qu'elle le remettra sur le trône; au général anglais, *Talbot*, qu'elle le vaincra; elle est sans cesse en prière et en extase. Ce rôle pouvait convenir à la scène lyrique qui monte l'imagination au merveilleux; mais l'inconvénient en est sensible par-tout ailleurs où le spectateur croit à l'inspiration, et dans ce cas, tous les succès sont prévus; il n'y a plus de danger pour *Jeanne d'Arc*, pour *Charles VII*, ni pour personne, et dès-lors plus d'intérêt; ou bien l'on se refuse à croire ce merveilleux, et il n'est plus que ridicule. Au reste, il n'y a dans la pièce, ni plan, ni action, ni intrigue; *Charles VII* y est avili; *Agnès* y est fort indécemment abandonnée toute seule au milieu du camp des Anglais, et le style ne vaut pas mieux que tout le reste.

Le vieux d'*Arnaud* a profité des circonstances d'un moment où l'on peut tout hasarder, et a obtenu, des comédiens, que l'on jouât son *Comte de Comminge*, imprimé il y a environ trente ans, et mis depuis trente ans, par les bons juges, au rang des plus plates productions. Tout le monde connaît le roman de Mme *de Tencin* qui porte ce titre, et qui est un chef-d'œuvre d'intérêt et de style. Mais tel sujet peut fournir une excellent roman et n'avoir rien de théatral. La situation du *Comte de Comminge* au théâtre, est nécessairement uniforme, passive et monotone; et celle de sa maîtresse, *Adélaïde*, a les mêmes caractères. Tous deux sont à la Trappe sans être connus l'un de l'autre, et l'intérêt du roman consiste dans les détails de leurs sentimens jusqu'à l'instant où *Adélaïde*, en mourant, se fait reconnaître pour ce qu'elle est, et apprend à son amant combien il est aimé et tout ce qu'elle a fait pour lui. Mais le drame exige nécessairement de l'action, des événemens, des vicissitudes, des espérances, des craintes; ici, comme on le voit, rien de tout cela; il n'y a pas trace d'action dans le drame : *Comminge* apprend au premier acte que sa maîtresse est libre par la mort de son mari; il se désespère d'avoir prononcé ses vœux et demande pardon à Dieu de son désespoir; au second acte, il apprend que cette même *Adélaïde* a disparu depuis long-temps et il la croit morte; nouveau désespoir qui ne produit rien de plus que le premier; au troisième, il la voit mourir sur la cendre, et il l'entend prier Dieu pour sa conversion, le tout dans un discours de deux ou trois cents vers qui fait d'un dénouement une exposition; ainsi, toute l'action de son rôle consiste à apprendre des nouvelles et à se lamenter inutilement : rien au monde ne ressemble moins à un drame. A la nullité d'action, se joint l'invraisemblance; il observe sans cesse *Adélaïde* dont la physionomie l'a frappé sous son habit de moine, et il ne la reconnaît pas; elle lui parle, et il ne reconnaît pas sa voix. Enfin, au moment de son agonie, elle a déjà prononcé une vingtaine de vers, qu'il ne l'a pas encore reconnue. Cela est totalement improbable. Quelque changement que l'on puisse supposer dans les traits d'*Adélaïde*, il y a toujours dans la figure et dans la voix de ce qu'on aime, quelque chose qui ne peut pas échapper à l'amour, et sur-tout à l'amour qui observe.

La bizarrerie du costume a pourtant fait supporter cet ouvrage monstrueux, tant aujourd'hui le besoin d'objets nouveaux semble tenir lieu de tout. Quel spectacle aux yeux du bon sens et du goût que ce *Comminge* et cette *Adélaïde* qui viennent, une pioche à la main, creuser une fosse et remuer des têtes de mort ! Que peut avoir de commun avec la nature et le cœur, cette dégoûtante démence et ce lugubre fanatisme ? Cela rappelle ce couplet de *Collé* :

> Pour émouvoir le cœur d'abord,
> Ah ! que c'est un puissant ressort
> Qu'une belle tête de mort.

Quant à la versification de d'*Arnaud*, elle ne vaut pas mieux que sa prose; elle est, le plus souvent, ou plate, ou déclamatoire, chargée de lieux communs, incorrecte et flasque; il y a pourtant deux ou trois traits de sentiment, et le moment où *Adélaïde* regarde *Comminge*, qui, en creusant sa fosse, baise le portrait de sa maîtresse, produit quelque effet : il en produirait bien davantage, s'il résultait quelque chose de cette situation, si les deux amans se reconnaissaient, s'il pouvait y avoir quelque moyen de changer leur sort, etc. Mais encore une fois, tout est, dans cette pièce, tristement immobile comme les tombeaux de la Trappe, et inutilement plaintif comme les échos de cette solitude.

Cependant, au milieu de tant de rapsodies, nous avons eu un ouvrage qui, ce me semble, annonce du talent : il est de *Fabre d'Eglantine*, autrefois comédien de province. Cet auteur est âgé d'environ trente-cinq ans. Ce qu'on avait vu de lui jusqu'ici n'était pas fait pour en donner une bonne opinion ; deux comédies tombées, et une mauvaise tragédie d'*Augusta*, qui ne valait pas mieux, n'annonçaient point l'auteur de la suite du *Misanthrope*, ou *le Philinte de Molière*, que l'on joue actuellement avec succès. Ce n'est pas qu'il soit suivi, il s'en faut de beaucoup ; mais c'est plutôt la faute des circonstances que celle de la pièce, et rien ne peut nous occuper beaucoup aujourd'hui que ce qui a rapport à la chose publique, à moins que ce ne soit des bagatelles agréables qui

demandent peu d'attention. Le drame de
M. d'Eglantine est sérieux et moral ; il n'est
pas bien intitulé, car son *Philinte* n'est nullement celui de *Molière* ; c'est un franc égoïste
dans toute la force du terme ; et c'est un des
mérites de l'auteur d'être le premier qui ait
bien conçu ce caractère qui a été manqué
plus d'une fois. Il n'en a point fait un fripon
qui vole dans la poche ; mais il a très-bien
peint l'homme exclusivement occupé de lui-
même, et constamment fermé à tout sentiment de bienveillance pour autrui. Les deux
idées mères de son ouvrage sont également
heureuses. L'idée morale consiste à faire punir
l'égoïsme par lui-même, ce qui tend à l'instruction. L'idée dramatique, qui tend à l'effet
du théâtre, et qui fait le fond de la pièce,
c'est d'avoir représenté l'égoïste, refusant
obstinément le crédit qu'il a auprès du ministère, pour empêcher qu'un innocent ne
soit accablé et ruiné par un abus qu'on a fait
de sa signature, et il se trouve, à la fin, que
cet homme est l'égoïste lui-même qui ne savait pas dans quel danger il était. Tous les
moyens de l'action sont disposés dans la plus
exacte vraisemblance, et le moment où le
mystère se découvre et où la doctrine per-

verse de l'égoïste retombe sur lui, est d'un effet théâtral, quoique l'auteur n'en ait pas tiré tout le parti possible. Le caractère d'*Alceste*, toujours prêt à faire du bien aux hommes, même à ses risques et périls, tout en disant du mal de la nature humaine, forme un très-beau contraste avec le caractère de *Philinte*. C'est le *Misanthrope* vu dans son beau côté. *Molière* avait très-bien peint ce qu'il a d'outré et par conséquent de nuisible à lui-même et aux autres, c'était une très-bonne leçon donnée à la vertu; ici l'on a fait voir tout ce qu'il avait de respectable quand les circonstances le mettaient en action. Il y a un rôle de procureur ou de fripon, (cela est synonyme) qui est aussi très-bien fait et d'une touche comique. L'auteur a donné à ce personnage le nom de *Rolet* que les *Satires de Boileau* ont rendu célèbre. Le style est inégal, incorrect et quelquefois de mauvais goût; mais il a de la vivacité, de la force, de la chaleur, et l'ame de l'auteur anime ce qu'il écrit. Il aurait pu donner à son ouvrage plus d'intrigue, en varier davantage le ton qui est trop continuement sérieux; en cherchant plus de moyens d'action, il aurait évité les longueurs. Mais il faut convenir aussi que cet art de répandre la gaîté comique sur un fond d'idées morales est prodigieusement difficile, et n'a guères été parfaitement connu que de l'auteur du *Misanthrope*. Si M. d'Eglantine peut se défier de sa facilité et travailler davantage ses productions, je crois qu'on peut espérer beaucoup de lui.

LETTRE CCXC.

Il est naturel à l'homme d'abuser d'abord d'une liberté récente, et il en a été sur ce point de la liberté du théâtre, comme de tous les autres genres de liberté. Heureusement, en fait de théâtre, ces abus ne nuisent qu'à ceux qui se les permettent, et ils n'ont d'autres conséquences que de punir bientôt l'avidité de ces fausses spéculations. Nous avons aujourd'hui treize et tout-à-l'heure quatorze troupes dramatiques, en comptant l'Opéra, et la comédie que l'on nomme toujours *Italienne*. Celles qui se sont formées depuis le décret, de manière à jouer, même la tragédie, sont les *Délassemens comiques*, *les Associés* ou *Théâtre patriotique*, *le Lycée dramatique*, composé des élèves de l'ancienne école dramatique, établi par les gentilshommes de la chambre, et la troupe de la *demoiselle Montansier* qui joue dans la salle des défunts comédiens *Baujolois*. Cette dernière troupe vient de faire l'acquisition de mademoiselle *Saint-Val* l'aînée, qui après avoir gagné cent mille écus dans la province, depuis sa sortie du théâtre français, s'est engagée avec la *Montansier* pour trois ans, à quatre cents francs par représentation. Elle a déja joué *Mérope* et *Sémiramis* avec un grand concours, plutôt qu'avec un grand succès. Tous ceux qui s'y connaissent conviennent qu'elle a perdu de ses bonnes qualités, et que ses défauts qui étaient assez marqués sont fort augmentés, ce qui devait naturellement arriver. Elle a toujours de beaux momens, mais d'extrêmes inégalités, des écarts, une exagération folle, une familiarité ignoble, etc. Passé le premier moment de la curiosité, je ne crois pas qu'elle vaille beaucoup d'argent à la troupe, et je doute fort que la directrice puisse tenir long-temps les conditions de son marché.

A l'égard des autres troupes dont je viens de parler, elles ne se soutiennent que par l'extrême modicité du prix des places, espèce d'attrait convenable à une classe nombreuse de spectateurs qui va depuis quelques années au spectacle, et qui n'y allait pas autrefois; d'ailleurs aucun talent ne s'y fait encore remarquer, et comme les places y sont à très-bon marché, il n'est guères possible que les entrepreneurs soutiennent la dépense. D'ici à deux ans, presque tous ces spectacles seront supprimés d'eux mêmes, faute de ressources.

Au contraire, celui de la rue de Richelieu, autrefois *les Variétés*, paraît avoir beaucoup de moyens de prospérer; un emplacement le plus avantageux possible, une très-belle salle, des directeurs intelligens et déja enrichis par leurs premiers succès; un certain nombre d'acteurs d'un talent éprouvé, qui ont passé à ce théâtre, M.me *Vestris*, M.lle *Desgarcins* et *Talma*, dans le tragique; MM. *Dugazon* et *Grandménil*, et M.lle *Lange*, dans le comique; enfin la coalition de presque tous les auteurs connus par des succès, et qui sont convenus de réunir leurs efforts pour donner de la consistance à ce nouveau théâtre, et pour établir une concurrence qui doit être, en derniers résultats, avantageuse au public, aux auteurs et aux comédiens. Les deux directeurs, MM. *Gaillard* et *d'Orfeuille*, ont très-bien senti ce qu'exigeaient leur position et leur intérêt; ils ont signé tous les arrangemens que leur a proposés la pluralité des auteurs dramatiques assemblés en comité, et ils se conduisent avec beaucoup d'honnêteté et de sagesse.

Ils ont encore à ce théâtre un acteur qui peut leur être d'une grande utilité ; c'est *Monvel*. Il est vrai que sa figure est déplorable et qu'il n'a point de dents ; mais il est plein d'intelligence et d'ame, et sauve jusqu'à un certain point ses défauts naturels par l'artifice du costume.

L'ouverture de ce théâtre, dans sa nouvelle formation, s'est faite par la tragédie d'*Henri VIII* de M. *Chénier*. Il eût été à souhaiter qu'on pût ouvrir par un meilleur ouvrage ; mais on voulait une nouveauté, et c'était la seule que l'on pût mettre avec ce qu'on avait d'acteurs, accoutumés au genre noble ; il leur en faudrait encore trois ou quatre pour compléter le tragique, et on les cherche de tous côtés. Les directeurs ont élagué leurs farces qui ne pouvaient guères s'accommoder avec Melpomène ; ils ont renvoyé *Beaulieu*, dont les grimaces faisaient rire dans *Ricco* et dans les autres rapsodies du même ton.

Henri VIII est une très-mauvaise pièce ; il n'y a ni intérêt, ni action, ni intrigue, ni marche dramatique, ni mouvemens, ni caractères, ni convenances, ni conduite ; c'est une déclamation en dialogue, chargée de lieux communs. Quant à la diction, elle ne manque ni de facilité, ni d'une certaine noblesse ; mais elle est inégale, enflée, froidement sentencieuse, mêlée de reminiscences fréquentes et de mauvais goût. Il y a quelques vers bien faits, et deux ou trois couplets où les personnages disent à peu près ce qu'ils doivent dire ; dans tout le reste, c'est l'auteur qui parle et un auteur écolier.

Le sujet par lui-même n'était pas heureux ; il n'offre, comme *Mariamne*, qu'un bourreau et une victime, et l'on ne se tire pas de ces sujets-là. *Mariamne* même avait un avantage que n'a pas *Henri VIII* ; c'est qu'au moins *Hérode* est amoureux de la femme qu'il veut faire périr, ce qui produit quelque suspension et quelque intérêt, depuis l'entrée d'*Hérode* au troisième acte, jusqu'à son entrevue avec *Mariamne* au quatrième acte, où il l'envoie à la mort sans aucune apparence de raison. Dans la pièce de M. Chénier, *Henri VIII*, devenu amoureux de *Seymour*, veut absolument faire périr *Anne de Boulen*, son épouse, afin d'en épouser une autre. Il y est tellement déterminé dès le premier acte, l'atrocité de son caractère est si marquée, et *Anne de Boulen* est tellement dénuée de toute espèce de défense contre un tyran tout-puissant, qu'il n'y a pas le moindre nœud, le moindre obstacle, la moindre incertitude. Les accusateurs et les juges sont aux ordres du tyran, et l'innocente victime ne fait qu'attendre le coup mortel, en gémissant inutilement depuis le premier acte jusqu'au dernier. Rien n'est si contraire aux premiers élémens de l'art dramatique, qu'il semble que l'auteur ignore absolument, ou dont apparemment il ne fait aucun cas, faute de savoir les employer. Si l'on veut voir jusqu'où il pousse l'ignorance sur cet article, ou bien l'impuissance et la déraison, en voici un exemple palpable. Cette jeune *Seymour* aimée d'*Henri VIII*, est un personnage insignifiant, sans caractère, sans intention décidée; on ne sait, pendant toute la pièce, si elle veut ou si elle ne veut pas épouser *Henri VIII*; elle ne montre qu'une timidité extrême, des craintes vagues, une pitié stérile pour *Anne de Boulen*. Cependant lorsque celle-ci est condamnée formellement (et elle l'est dès le commencement du quatrième acte, et l'on en est sûr au troisième) *Seymour* prend le parti, au quatrième acte, d'amener à *Henri VIII* la fille de *Boulen*, enfant de quatre ou cinq ans, pour fléchir le tyran qui est son père. Je laisse à part ce ressort postiche d'un enfant mis en œuvre si souvent et si mal-à-propos depuis *Athalie* et *Inès*, les seuls pièces où un enfant soit bien placé, parce qu'il fait partie du sujet et de l'action; par-tout ailleurs il est ridiculement gratuit, vu qu'on sent trop combien il est aisé d'amener tant qu'on voudra un enfant sur la scène, pour crier *papa* ou *maman*, et débiter les petites naïvetés de son âge. Cela ne sert, aux yeux des connaisseurs, qu'à rappeler la scène des petits chiens, dans *les Plaideurs* :

Venez, famille désolée, etc.

Mais *Racine* qui a mis un enfant dans *Athalie*, ne s'est pas avisé de mettre *Astyanax* sur la scène dans son chef-d'œuvre d'*Andromaque*, quoiqu'il soit question de cet *Astyanax* d'un bout de la pièce à l'autre.

Mais enfin, puisque l'auteur voulait faire usage de ce moyen trivial, rien ne l'empêchait, du moins, de faire en sorte que le spectateur fût à-portée d'en attendre quelque effet en faveur de *Boulen*, et de conserver pour elle quelque espérance de salut. Il n'y avait qu'à ne pas donner au tyran une détermination si absolue, et faire entendre qu'il était possible que l'ascendant de *Seymour* sur lui, la vue de cette femme en pleurs, lui demandant la grace de sa rivale, et mettant à ses genoux le gage de son ancien amour pour *Boulen*, et l'unique fruit de leur hymen, fléchît cette ame féroce et en obtînt du moins la vie de cette infortunée. Avec cette espérance, la scène pouvait produire de l'effet. Mais que fait l'auteur? Il a grand soin, comme s'il voulait à plaisir détruire tout germe d'intérêt, de faire dire d'avance au tyran qu'il sait bien qu'on va le solliciter en faveur de *Boulen*, qu'il veut bien, *pour feindre un moment de la clémence et des remords*, avoir l'air d'accorder la grace après s'être bien fait prier; mais en même temps il donne les ordres les plus précis et à des hommes très-intéressés à les remplir, pour faire hâter l'exécution de l'arrêt, pendant qu'il entendra l'archevêque *Crammer*, personnage inutile et bavard, et ensuite *Seymour*. Qu'arrive-t-il? C'est que tandis que *Seymour* et l'enfant font un étalage de pa-

C..

thétique, et que le tyran feint un attendrissement hypocrite, on sait, à n'en pouvoir douter, que *Boulen* est déja morte. Il est rare de pousser la mal-adresse plus loin.

Henri VIII est un tyran abject et insensé, bêtement atroce, bassement calomniateur, ridiculement furieux, qui ne fait autre chose que suborner des témoins pour prouver que sa femme est infidèle : voilà toute l'intrigue de la pièce. N'est-elle pas bien tragique ? Cet ouvrage a été très-mal reçu le premier jour ; mais ensuite, avec des billets payés, on l'a un peu relevé ; on le joue encore, mais avec très-peu de monde et encore moins d'effet.

LETTRE CCXCI.

On a remis au théâtre Français *les Châteaux en Espagne*, avec les corrections que l'auteur y avait faites en trois semaines, et le public en a paru assez content. Mais comme on les a retirés assez promptement, à cause de la clôture, je n'ai pu les voir encore : on en parle diversement pour ce qui regarde le fond de l'ouvrage ; mais tout le monde est d'accord sur le talent et la facilité de l'auteur.

Tout le monde s'accorde aussi à trouver fort ridicule l'opéra-comique de *Barbe bleue*, que notre confrère *Sedaine* a été prendre dans la bibliothèque bleue, et tout le monde court le voir, et tout le monde a raison. Il est très-vrai que la pièce, d'un bout à l'autre, n'a pas le sens commun ; mais Mme *Dugazon* y joue avec une telle supériorité, cette femme est une si charmante actrice, sa pantomime est si admirable, qu'on passe par-dessus tout pour avoir le plaisir de la voir. Il n'y a pas deux avis aujourd'hui sur son compte, et l'on convient unanimement que c'est le premier talent des trois théâtres : il y a long-temps que je le pense et que je l'ai dit.

On joue au grand Opéra une *Aspasie* qui ne vaut pas mieux que *Barbe bleue*, et qui n'est pas moins suivie, quoiqu'on ne soit guères embarrassé qu'à décider lequel est le plus mauvais de la musique ou des paroles. Le mot de l'énigme, le voici : c'est que nous sommes parvenus à un tel point de perfection dans les ballets, que nous sommes en état de nous passer à l'Opéra de paroles et de musique, ce qui est toujours très-commode. La danse pantomime fit tomber les beaux-arts et les spectacles de goût chez les Romains; nous sommes devenus Romains, au moins en cette partie. On ne peut nier que nous n'ayons à l'Opéra une telle collection de talens en ce genre, que l'Europe entière n'en fournirait pas une semblable. La partie des décorations est aussi très-bien entendue, et *Aspasie* en particulier présente le plus beau spectacle possible; c'est l'architecture du lycée d'Athènes, exécutée sur le fameux tableau de *Raphaël*, avec tous les accessoires. Une bacchanale dansée par tous les premiers sujets de l'Opéra, excite aussi l'admiration du public; c'est encore un tableau vivant de l'antiquité, telle au moins que nous la connaissons. Mais ce public a ri beaucoup de voir en scène Anaxagore, et Zénon, et Diogène, et tous les philosophes du portique en coquetterie avec *Aspasie*, et chantant de petits madrigaux fort plats. La musique est de *Grétry* qui n'est plus rien. Les paroles sont sous le nom d'un M. *Morel*, non pas auteur, mais entrepreneur d'opéras. Il a une place aux Menus qui lui donne beaucoup de crédit au tripot lyrique ; il achète des poëmes, au meilleur marché possible, à des pauvres diables de rimeurs, et les fait jouer à son profit. L'esprit de commerce gagne beaucoup dans les beaux-arts.

LETTRE CCXCII.

Notre confrère *Ducis* a fait reprendre son *Macbeth* : il n'avait point eu de succès dans la nouveauté, et malgré les changemens qu'il y a faits, il n'en a pas eu davantage à la reprise ; il a été abandonné sur-le champ. Ce n'est pas qu'il n'y ait des beautés de détails et des traits de force, comme dans tout ce qu'il a fait ; mais la pièce est absolument sans intérêt ; le sujet ressemble à une nuit d'hiver, il est noir et froid.

La faveur des circonstances a mieux servi *Lemière* dans son *Guillaume Tell*, qui n'avait pas fait grande fortune dans sa nouveauté il y a vingt ans, et qu'on n'avait jamais joué depuis; on ne se souvenait même de la pièce que par le ridicule des vers barbares et des noms baroques dont elle est remplie, et par un bon mot de Mlle *Arnoult*, qui, voyant jouer cette tragédie dans la solitude, dit plaisamment: « C'est ici le contraire du proverbe, » point d'argent, point de Suisse ; il y a ici » beaucoup de Suisses et point d'argent. » J'étais à Ferney lorsque la pièce y arriva;

Voltaire en lut une centaine de vers en étouffant de rire : « Il n'y a rien à dire contre l'ouvrage, me dit-il, il est écrit en langue du pays. » La pièce d'ailleurs est sans intrigue comme sans intérêt ; la femme de *Tell* est une plate paysanne ; *Gesler* un tyran imbécille, qui s'autorise gravement de l'exemple de *Caligula*, qui avait fait son cheval consul ; les autres personnages sont nuls. Il n'y a que celui de *Tell* qui soit quelque chose ; il y a de la noblesse et quelques traits heureux. C'est d'ailleurs *Larive* qui joue le principal rôle, et Larive est à la mode dans ce moment ; enfin, l'auteur a mis dans son ouvrage une nouvelle scène où l'on voit *Tell* sur le théâtre, abattant la pomme sur la tête de son fils : c'est une étrange chose qu'un pareil spectacle ; mais comme tout ce qui est spectacle est fort bon aujourd'hui, l'ouvrage a eu beaucoup de succès.

Lemière a cru que c'était aussi le moment de faire jouer son *Barnevelt*, pensionnaire de Hollande ; mais quoique son héros soit encore un martyr de la liberté, comme il n'avait pas cette fois-ci l'appui de Larive, ni sur-tout la ressource du spectacle, la seule qui ait fait réussir deux ou trois de ses pièces, on a trouvé cette nouvelle tragédie peu intéressante, et le cinquième acte sur-tout a paru très-mauvais. On en a donné quelques représentations qui ont été peu accueillies et encore moins suivies. On dit pourtant que le style est moins dur que celui de ses autres pièces. Je ne saurais en parler en connaissance de cause; car elle n'est pas imprimée, et ma mauvaise santé ne me permet guères d'aller au spectacle.

Palissot ne sachant plus de quoi s'aviser, a imprimé dans la *Chronique de Paris* une belle adresse à l'assemblée nationale, pour demander la suppression de l'Académie française, sous prétexte que c'est un reste d'aristocratie; c'est une plaisante chose que l'aristocratie d'une compagnie littéraire. Au reste, on imagine bien que tous les prosailleurs et les rimailleurs de la France, et tous ceux qui concourent annuellement pour les prix sans pouvoir être lus jusqu'au bout, signeraient volontiers une pareille adresse : c'est la fable du renard qui n'a pas de queue et qui ne veut point qu'on en ait; mais ce qui est plus remarquable, c'est qu'en 1771, la cour, le parlement et le clergé étaient également déchaînés contre l'Académie; que le chancelier *Maupeou* voulait la détruire, comme respirant l'indépendance et répandant les maximes républicaines et l'esprit de liberté, et qu'aujourd'hui la populace de nos nouveaux écrivains, qui prêchent en style grossier la licence et l'anarchie, la proscrit comme aristocrate. Cette petite anecdote mérite d'être consignée dans l'histoire littéraire de ce siècle et dans celle des contradictions de ce monde.

Dans la foule des épigrammes de toutes espèces qui courent contre l'assemblée nationale, il s'en trouve une qui n'est pas mauvaise.

CERTAINE Anglaise à certaine séance
D'un certain club qui dirige la France,
Un certain soir se trouvait par hasard.
— Oh! s'il vous plaît, dit-elle à sa voisine,
Sur ce fauteuil, qu'est ce monsieur camard,
Qu'à droite, à gauche, ici chacun lutine?
— Milady, c'est monsieur le président,
Ce que chez vous orateur on appelle.
— Oh! l'orateur! fort bien, cela s'entend.
Mais, s'il vous plaît, quel est, ajouta-t-elle,
Cet instrument que dans ses mains je vois?
— C'est de son rang l'éclatant interprète,
C'est-là son sceptre; et nos augustes lois
Ne se font bien qu'à grand coup de sonnette.

— Oh ! mais encor, ce bruit original,
Gredin, gredin, dont toute l'assemblée
A comme moi la cervelle fêlée,
Que dit-il ? — Milady, c'est l'appel nominal.

L'Académie Française n'a pu cette année donner qu'un seul prix, quoiqu'elle en eût beaucoup à distribuer. Nous avions un prix de poésie et un d'éloquence ; un pour l'*Eloge de Rousseau,* et un quatrième fondé par l'abbé *Raynal* pour un discours historique. Le sujet pour cette année était une *Dissertation sur le règne et la politique de Louis XI*. Nous n'avons rien reçu sur ces deux derniers sujets qui fût même passable ; en poésie, nous n'avons pu décerner qu'une mention honorable à deux pièces qui sont du même auteur, M. *de Murville ;* il y a quelques talens dans la versification, mais point d'idées, point d'ensemble, point de suite, point de sujet traité. Le prix d'éloquence était l'*Eloge de Vauban ;* il a été adjugé à M. *Noël,* autrefois abbé, qui avait déja eu celui de Louis XII. Le sujet est assez bien rempli dans la première partie ; la deuxième est très-inférieure, et en total, l'ouvrage est médiocre. L'auteur ne fait point de progrès, il ne s'élève point ; c'est un rhéteur qui se traîne sur les traces des modèles connus ; il travaille aujourd'hui conjointement avec un M. *de Grandmaison*, à un journal intitulé la *Chronique de Paris*, rempli, dit-on, d'extravagances et de scandales : ce n'est pas à cette école qu'il se formera. Si j'en parle par ouï dire, c'est que je n'ai ni le temps, ni la volonté de lire tous ces pamphlets prétendus patriotiques, qui sont tellement multipliés, que la journée, fût-elle de quarante-huit heures, ne suffirait pas pour les parcourir.

LETTRE CCXCIII.

Un fou nommé *Bonneville*, et une autre espèce de fou, l'abbé *Fauchet*, enthousiaste qui n'est pas sans quelque talent, quoiqu'il soit absolument dénué de goût, se sont avisés (de quoi ne s'avise-t-on pas aujourd'hui pour être quelque chose?) de joindre les mystères de la maçonnerie aux principes de la constitution; et de cet amalgame bizarre, ils ont composé un journal qu'ils appellent *la Bouche de fer,* attendu qu'ils ont en effet placé une bouche de fer au dépôt de leur journal, près du théâtre français, en invitant tous les citoyens à y jeter, comme on fait dans celle de Venise, leurs idées sur le Gouvernement, leurs questions, leurs accusations, etc. Cette invention n'a pas prospéré jusqu'ici; car il est clair, par leur journal, que ce sont eux qui font les demandes et les réponses. Rien n'est plus plaisant ni plus ridicule que la démence sérieuse qui règne dans cet ouvrage, où se trouvent pêle-mêle toutes les rêveries des illuminés avec les discussions politiques, le jargon de la mysticité avec l'emphase des prédicateurs, où l'on remonte jusqu'à la tour de Babel et l'arche de Noë, pour redescendre aux sections et aux districts, où l'on ne projette rien moins qu'une *religion universelle, une régénération universelle,* etc. Nos deux prophètes ont ouvert un *Cercle social* par lequel ils prétendent communiquer avec toutes les nations de l'*univers*. Ainsi, grace à eux, la révolution aura eu aussi ses *illuminés,* tout comme si nous étions au temps des *Frères rouges* de *Cromwel* et des confrairies de la Ligue. Heureusement ceux-ci ne sont pas dangereux; ils ne sont qu'extravagans, et ne veulent *régénérer l'univers que par l'amour.*

Ce rêveur de Bonneville fait aussi des vers, et il n'a pas manqué de mettre dans son journal un *Hymne à la Vérité*, qui contient tout le systême et tous les mystères de cette nouvelle association. Les lettres majuscules ou italiques, indiquent les mots qui forment les emblêmes, les types, les allégories maçonniques. Cette pièce est vraiment curieuse; et V. A. I. qui aime à rire, pourra s'amuser de ce délire grave et *imposant*, et du ton d'inspiration dont on débite tant de puérilités, et sur-tout du style qui est véritablement, et comme on s'y attend bien, de *l'autre monde.*

HYMNE A LA VÉRITÉ.

Rien ne fera sortir l'Univers de ses gônds.
L'Océan indigné, dans ses gouffres profonds,
Que la terre et les cieux lui servent de ceinture;
S'irrite en ses efforts, pour secouer ses fers,
Et rouler sa prison dans le vague des airs;
Mais le pacte éternel, la loi de la Nature,
Le ramène, toujours, soumis à ses destins;
Voilà des vérités qu'on touche de ses mains.

Pensaient-ils, ces tyrans, que leur colère immonde
Eteindrait dans le sang des bienfaiteurs du monde
Cet éternel *Esprit,* ce feu toujours vainqueur,
Qui fait vivre la pierre et qui lui donne un cœur,
Qui parle dans les vents, dans la foudre qui gronde?
Plus pur que *l'argent vif,* il descend au tombeau;
(Ainsi de l'univers disparaît le flambeau)
Quand la tombe a caché sa mortelle dépouille,
Peux-tu penser qu'un ver le dévore et le souille?
Un ver peut-il souiller un rayon du soleil?
L'esprit sent et *connaît* que c'est-là son réveil!
Dormir, c'est toujours vivre. Existence immortelle!
Il laisse d'un vieux tronc les débris dispersés;
Et tous les élémens, *à l'instant,* sont forcés
De recueillir son moi dans une peau nouvelle.

Il a son œil pour voir, l'oreille pour ouïr;
Un *mouvement* vital, *perpétuel,* unique,
Circule dans son sang pour aimer, pour jouir,
Pour enrichir ses nerfs d'une force électrique;
Et s'aviver des feux de la chaleur publique,
Pour CRÉER. — Le sens-tu qui partage ses feux,
Toujours l'œil de l'aveugle et le pied du boiteux?

Sûr de se retrouver au cœur de la nature,
Mourir n'est rien pour lui, c'est changer de figure;
C'est CONNAITRE et sentir qu'il change chaque jour;
Qu'il cesse *d'être* enfant, qu'il arrive à l'Amour;
Et si de la nature une roue est l'emblême,
Dans sa forme diverse *il est* toujours le même.

La Nature a ses lois, sa récompense, un plan;
« Tu vis par tes bienfaits, » dit-elle; et c'est l'aimant
Qui rappelle un esprit, s'il est pur, à la vie.
L'ingratitude glace un malveillant génie
Qui retombe *aux lieux bas,* dans son obscurité.
As-tu le sentiment de ton Eternité?
C'est avoir fait un pas immense en ta carrière;
Tu peux alors *créer,* conquérir la lumière.

Repousse des lauriers qui seraient teints de sang.
Veux-tu forcer ton frère à vouloir être FRANC?
Laisse au reptile impur son venin et la rage :
DEVIENS DIEU, l'Eternel te fit à son image.

N'as-tu pas dans ton cœur un *miroir* éternel,
Où ton ESPRIT peut *voir* le *code fraternel?*
« C'est du marbre, » dis-tu, que rien ne fertilise.
Change la pierre en homme, et bâtis ton Eglise.

Une langue de feu, celle des NATIONS,
Que LA NATURE emploie AUX RÉVÉLATIONS,
Peut arrêter les pas d'une tourbe insensée,
Et sous un front de marbre enfermer la pensée.

S'ÊTRE VU, c'est vouloir embellir tous ses traits;
Une fois éclairé, l'on ne s'éteint jamais;
Ascension céleste! On monte, *on s'angélise*,
L'esprit divinisé SE CONÇOIT, s'éternise!
Remonte vers les cieux, « par les cieux aimanté. »
L'homme est Dieu, CONNAIS-TOI! Dieu, c'est la Vérité.

ENVOI.

E cœlo descendit γνωθι σεαυτον.

Juvénal.

CERCLE du PEUPLE-FRANC, verse d'une main sûre,
Dans les sombres climats, tes rayons lumineux.
Répands-y tes bienfaits, l'Amour, ses nobles feux,
La sainte MAJESTÉ des lois de la Nature!
Et ta BOUCHE DE FER, dont la voix est si pure,
Fera le LIVRE D'OR de nos derniers neveux.

LETTRE CCXCIV.

Le discours du président de *Nicolaï* a eu peu de succès : je voudrais, pour en dire du bien, que la vérité pût être d'accord avec la reconnaissance ; car je lui en dois d'autant plus, pour la manière extrêmement flatteuse dont il a parlé de moi dans son discours, que son procédé était plus noble et plus désintéressé ; puisqu'il n'ignorait pas qu'il n'avait pas eu mon suffrage. Mais enfin je ne saurais démentir le jugement du public qui a paru fort peu content de son discours, et qui en effet ne devait pas l'être : il n'est en général ni bien pensé ni bien écrit, et l'excellente réponse que lui a faite M. *de Rhulières*, et les applaudissemens qu'elle a reçus, ont rendu le contraste plus sensible. Il a fait d'abord, comme cet ancien poëte grec, qui ayant peu de choses à dire de son héros, s'étendit beaucoup sur Castor et Pollux. M. de Rhulières a fait l'éloge de la famille de Nicolaï, distinguée depuis plusieurs siècles dans la robe, dans l'église, et dans le militaire. Il a loué, parce qu'il le devait, les discours que le président récipiendaire avait prononcés en différentes occasions, et a parlé fort adroitement et fort noblement du dernier, dans lequel M. de Nicolaï, à la clôture de l'assemblée des Notables, avait énoncé son vœu pour la délibération par ordre, contre le vœu de ceux qui demandaient la délibération par tête.

L'abbé *de Périgord*, évêque d'Autun, a rendu un véritable service à la patrie, aux mœurs, et sur-tout au pauvre peuple, en publiant sur les Loteries un écrit aussi estimable par son objet que par son exécution, et dont l'effet sera très-certainement de déterminer l'Assemblée nationale à demander l'entière suppression de ces fatales loteries, qui ont causé en France des maux infinis. Il démontre d'abord qu'il est honteux au Gouvernement d'ouvrir à la crédule avidité du peuple un jeu si scandaleusement inégal, et dont le profit pour la banque royale est au-dessus des plus énormes usures. Il fait voir ensuite que le profit de neuf ou dix millions que le roi en retire, est véritablement illusoire par toutes les pertes que ce gain lui occasionne sous d'autres rapports. Enfin, et c'est-là le point capital, il trace un tableau qui n'est que trop fidèle de l'horrible corruption de mœurs et de la foule de crimes dont le jeu des loteries est la cause. Voici quelques-uns des traits de cette peinture, qui ne peut manquer son effet sur toutes les ames honnêtes et sensibles.

« N'est-il pas évident qu'un jeu qui allume jusqu'au délire la cupidité de la multitude, qui fascine l'esprit du peuple jusqu'à lui persuader qu'infailliblement il trouvera pour prix de sa persévérance, je ne dis pas seulement le moyen d'améliorer son état, mais celui d'en sortir tout-à-coup par une fortune immense, (car c'est toujours là l'ambition insensée du peuple); n'est-il pas évident que ce jeu, après lui avoir ravi tout le fruit de ses épargnes, tout l'argent qu'il possède, le livre à chaque instant à la tentation d'en obtenir par toutes sortes de voies? Car il ne faut pas perdre de vue que, par une suite presque nécessaire de l'artificieuse combinaison de la loterie, celui qui d'abord n'a risqué que des mises légères, se trouve bientôt entraîné dans des mises considérables; que, victime de l'illusion la plus folle, et pourtant la plus ordinaire, il s'attache d'autant plus à une combinaison, que plus long-temps elle lui a été funeste ; qu'il se regarde même comme obligé à de nouveaux sacrifices, pour ne pas perdre le fruit des anciens ; qu'en conséquence, il charge et recharge sans cesse les mêmes numéros, dans l'intime persuasion qu'ils céderont enfin à sa persévérance, et que, par l'ancienneté de leur sortie, ils acquièrent chaque jour de nouveaux titres pour reparaître avant les autres : comme si dans un pareil jeu, l'avenir pouvait en quelque manière dépendre du passé ; que des billets toujours les mêmes, agités au hasard, fussent contraints dans leurs mouvemens par les tirages précédens, et qu'un numéro, parce qu'il n'a pas paru depuis un certain nombre de tirages, dût plus facilement que tout autre en particulier, s'offrir au tirage suivant sous la main indifférente de l'enfant qui va les prendre. De-là presque nécessairement après chaque tirage, des fraudes, des injustices, des infidélités sans nombre, pour ravoir un argent plus que jamais indispensable, ou même pour satisfaire cette insatiable passion, que le malheur n'a fait qu'irriter. Par elle, chaque jour les enfans deviennent furtivement coupables envers leurs parens, les époux envers les épouses, les domestiques envers les maîtres; et, ce qui fait frémir, c'est qu'il est bien reconnu qu'un grand nombre d'entr'eux avaient vécu irréprochables jusqu'au moment où ils se sont abandonnés à la déplorable passion de ce jeu.

» N'est-il pas évident que lors même que la loterie ne précipite pas dans le crime, son effet habituel est de rendre au peuple sa condition insupportable; de relâcher dans sa famille les liens domestiques, si nécessaires à son bonheur; d'éteindre en lui les goûts honnêtes, toute émulation louable, tout esprit d'ordre, d'économie, tout amour du travail ? Voyez comme le marchand est détourné de son commerce; l'ouvrier, de ses travaux; la mère, du soin de ses enfans, dont les cris l'importunent; tout un peuple, de ses occupations journalières. Une pensée unique travaille tous les esprits, de l'or, des monceaux d'or gagnés sans peine; c'est à cette funeste pensée qu'on livre tous les sujets de l'État, et principalement (car on ne peut trop le répéter), ceux à qui le travail et l'économie sont le plus nécessaires, et chez qui le désespoir et la misère ont toujours eu les plus terribles conséquences. »

Pendant que le théâtre des événemens publics est si orageux, les théâtres de l'imagination et des arts sont nécessairement dans un triste état. Rien de nouveau à l'Opéra; aux Italiens de mauvais drames, tel que les *Rigueurs du cloître*, *Euphrosine*, qui ne méritent pas qu'on en parle, quoique le mauvais goût les fasse supporter un moment. A la comédie française, inaction et absence totale de nouveautés, parce que tous les auteurs attendent le décret de l'assemblée nationale, qui doit décider leur procès contre les comédiens; aucun ne veut se faire jouer. Pas un ouvrage qui marque en littérature; mais le ridicule et l'extravagance marquent plus que jamais. M. *de Murville*, dont l'Académie française a mentionné deux pièces, le jour de la Saint-Louis, a voulu haranguer le public pour lui prouver que l'Académie aurait dû lui donner le prix : le public n'a pas voulu l'entendre; alors il a imprimé une belle préface, où il démontre *qu'il a réellement remporté le prix, qu'il ne tiendrait qu'à lui d'attaquer l'Académie à restitution;* mais qu'il est *est au-dessus de 400 liv.* En récompense, il ne sera pas si indulgent l'année prochaine pour celui qui obtiendra le prix qui a été remis. Il déclare d'avance que ce sera *un vol* qu'on lui fera, et qu'il *poursuivra le voleur dans les tribunaux.* Cette préface n'est pas datée des petites maisons, non plus que la plupart des brochures qu'on nous jette à la tête; c'est la seule chose qui lui manque.

Un M. *Loustalot*, auteur des *Révolutions de Paris*, imprimées sous le nom de *Prudhomme*, est mort ces jours-ci d'une fièvre chaude. Il y avait long-temps qu'il l'avait en écrivant, sur-tout depuis le jour de la fédération. Il ne pouvait concevoir qu'on eût tant crié *vive le roi*, et qu'on n'eût pas crié, *vive l'auteur des Révolutions de Paris*. C'est ce qu'il a imprimé expressément en trois pages de reproches à la nation sur son ingratitude envers les écrivains patriotes. Il n'a pu y résister, et il est mort de cette noble douleur.

LETTRE CCXCV.

La mort de M. *de Guibert* laisse encore une place vacante à l'Académie ; en voilà trois à remplir, et nous ne songeons pas encore aux élections qui probablement n'auront lieu qu'après la clôture de l'assemblée nationale, où siège une partie de nos confrères.

M. de Guibert a été emporté en trois jours par un érésypèle rentré ; mais on présume avec assez de vraisemblance, que le chagrin a abrégé ses jours. Cet homme est encore un exemple du danger de la trop grande disproportion entre les prétentions et les moyens. Il avait de l'esprit, de la facilité et une grande mémoire ; il prit tout cela pour du talent. Sa tête s'exalta de bonne heure, et parce qu'il retenait tout, il crut pouvoir tout faire. Il paraît avoir eu pour principe, qu'il ne faut point mettre de bornes à ses entreprises pour n'en point mettre à ses succès, et il passe pour certain, que dans ses saillies d'enthousiasme, il avait dit plus d'une fois, qu'un homme pouvait aujourd'hui être tout ensemble *Turenne*, *Corneille* et *Bossuet*. On eût pu lui répondre que c'était encore assez, dans tous les temps, d'être l'un des trois.

On ne peut savoir ce qu'il eût été dans l'art militaire, puisqu'il n'a jamais fait la guerre. Ses connaissances théoriques n'étaient pas merveilleuses, au jugement du roi de Prusse, qui dit dans sa correspondance : *nous avons des écoliers qui nous donnent des Essais de Tactique, et qui ne seraient pas en état d'épeler Végèce*. Peut-être y avait-il un peu d'humeur dans ces expressions de Frédéric, qui savait mauvais gré à M. de Guibert (et avec raison) d'avoir parlé avec peu d'estime de la bravoure des Prussiens, dans son *Essai sur la Tactique*. Quoi qu'il en soit, la préface de cet ouvrage, la seule partie sur laquelle je puisse avoir un avis, donna d'abord de l'auteur des espérances exagérées. On connaît cette disposition si commune parmi nous à nous émerveiller, quand un homme qui ne fait pas métier d'écrire, écrit passablement, et à juger ce qu'on appelle un homme du monde avec autant d'indulgence, qu'on juge avec sévérité ce qu'on appelle un auteur. On fut étonné de voir un jeune colonel écrire sur le Gouvernement avec une hardiesse qu'on n'avait encore remarquée que dans quelques écrivains philosophes, et l'on ne fit pas attention qu'il ne faisait guères que répéter leurs idées et souvent même leurs phrases. Au reste, cette préface était du moins écrite d'un style assez soutenu, et l'on n'y voyait pas le mauvais goût qui s'est montré depuis dans toutes les productions du même auteur.

Sa tragédie du *Connétable de Bourbon*, lue pendant deux ou trois ans dans toutes les sociétés de Paris, le mit à la mode : les femmes sur-tout le prirent sous leur protection. Les gens du monde eussent été fort aises qu'un officier qui n'avait pas trente ans, réussît mieux pour son coup-d'essai, dans l'art dramatique, que ceux qui faisaient profession de s'en occuper ; c'était une manière de leur dire : vous voyez bien que le métier que vous faites n'est pas une chose si difficile, puisqu'un homme qui n'en est pas s'en tire mieux que vous. Ces petits calculs de la vanité jalouse ont toujours été fréquens. Il faut avoir connu le ton follement exagérateur des sociétés de Paris, pour se faire une idée des extravagances que l'on débitait sur cette pièce du *Connétable*; et pour n'en être pas confondu d'étonnement, il faut savoir que le mouvement une fois donné par les sociétés dominantes, il n'y avait plus qu'une manière de parler d'un ouvrage en vogue; c'était d'enchérir par quelques nouvelles formules d'éloges bien extraordinaires sur le délire des autres. Aussi, ai-je entendu dire alors à une grande dame, qui pourtant ne manquait pas d'esprit : c'est *Corneille, Racine* et *Voltaire fondus et perfectionnés*. Et dans un grand cercle on agita pendant toute une soirée cette question : *lequel était plus à desirer d'être la mère, la sœur ou la maîtresse de M. de Guibert.* Cependant il s'arrangeait pour cueillir à-la-fois toutes les palmes. Son *Connétable* devait être joué le 24 août sur le grand théâtre de Versailles, construit exprès pour les fêtes du mariage du dauphin, aujourd'hui Louis XVI. M. de Guibert avait concouru pour le prix d'éloquence, c'est un *Eloge de Catinat*; et applaudi le 24 dans la grande salle de Versailles, il devait être couronné le 25 au Louvre, et de-là reconnu le premier des orateurs et des poëtes tragiques. Il devait obtenir d'emblée une place alors vacante à l'Académie Française, en attendant qu'il obtînt le commandement d'une armée, et qu'il pût être *Turenne,* après avoir été *Corneille* et *Bossuet*.

La fortune dérangea tout ce plan qui était devenu public. Le *Connétable* eut le malheur d'être représenté dans une salle qui contenait quatre mille personnes ; toute l'élite de la capitale y était, et quoique ce fût une fête, on n'eut pas la complaisance de se laisser ennuyer. La pièce fut outrageusement sifflée, malgré la présence des personnes royales ; le cinquième acte ne fut pas même entendu et fut à peine achevé, et le lendemain le Louvre ne répara point les fautes de Versailles ; M. de Guibert, malgré une très-forte cabale, n'eut pas le prix. Tous ceux qui ont vu ce *Connétable*, et sur-tout ceux qui l'ont lu (l'auteur en fit imprimer quarante exemplaires), savent que l'on avait fait justice. C'était l'ouvrage d'un écolier qui n'est pas même aux premiers élémens ; il n'y avait pas la moindre connaissance du théâtre, ni de la versification. L'*Eloge de Catinat,* un peu moins mauvais, parce qu'un discours est plus aisé qu'une tragédie, était une production fort médiocre.

M. de Guibert, irrité contre le public et l'Académie, se vengea de l'un en gardant en porte-feuille deux autres tragédies, *Anne de Boulen et les Gracques*; et de l'autre, en ne livrant point au concours son *Eloge de l'Hospital*. Il alla plus loin, et dans ce dernier ouvrage, où se trouvent deux ou trois pages bien écrites, il insulta et calomnia grossièrement les gens de lettres, qu'il traitait d'*esclaves*. Cette calomnie fit voir dans M. de Guibert un homme dont la qualité dominante était une effervescence d'amour-propre qu'il prenait pour l'élan du génie.

Cependant, toujours possédé de l'ambition d'être académicien, il se rapprocha des gens de lettres, et parvint au bout de dix ou douze ans, par des cajoleries et des intrigues, à remplacer M. *Thomas*, sans que l'on pût dire à quel titre il était reçu ; car il n'avait pas fait un seul ouvrage que l'on pût citer, et il n'était pas d'un rang à s'en passer.

Il nous a donné depuis un *Eloge du roi de Prusse*, où il y a des traits d'esprit, un résumé des campagnes de la guerre de sept ans, rapidement tracé, et d'ailleurs tous les défauts imaginables de composition et de style. Sa grande erreur était de croire qu'on pouvait faire tout ce qu'on voulait sans avoir rien appris.

Sa dernière production est le livre intitulé, *De la Force publique*. Ses idées sur l'organisation militaire ont paru généralement assez saines; mais c'étaient celles de tout le monde, et le sujet avait été épuisé depuis un an dans les livres et dans les bureaux. Quant au style, il est toujours le même, un mélange d'incorrections et d'enflure.

Il avait trop de toutes les espèces d'ambition, pour ne pas prétendre à être député aux états-généraux; mais c'est-là précisément qu'il était destiné à la plus cruelle disgrace. Sa vanité et ses prétentions lui avaient fait tant d'ennemis, qu'on ne voulut pas même l'entendre dans les assemblées d'élections. Il fut obligé d'en sortir et ne s'en est pas consolé. Pour comble de malheur, il imprima une apologie mal-adroite qui le rendit ridicule; il lui était difficile de ne pas l'être quand il parlait de lui.

Lorsqu'il se présenta pour l'Académie, je fus si vivement sollicité en sa faveur par des personnes à qui je devais toute sorte d'égards, que je crus devoir exposer avec la franchise dont je fais profession, aux protecteurs de M. de Guibert et à lui-même, les raisons que j'avais de lui préférer un homme, qui sans être un bon écrivain (c'était *Sedaine*), avait du moins prouvé beaucoup de talent dramatique par trente ans de succès au théâtre, et que ses travaux et son âge mettaient en droit d'aspirer aux récompenses littéraires. M. de Guibert était si persuadé de la supériorité de ses titres, qu'il m'écrivit que je donnerais ma voix *contre ma conscience*.

Un autre aspirant à l'Académie, *Laujon*, vient de donner au théâtre Français une petite pièce, ou plutôt une espèce de proverbe, qui a pour titre le *Couvent*. Une singularité assez remarquable, c'est qu'il n'y a que des rôles de femme. Le fond de cette pièce est d'une très-bonne morale. Il s'agit d'un mariage entre le jeune comte *de Sincerre* et M.lle *de Fierville*, fille d'un riche financier. La mère du comte veut connaître le caractère de sa bru; elle vient la voir au couvent, sous le nom d'une maîtresse de musique et de dessin, et dans un quart-d'heure de conversation, elle reconnaît en elle tous les défauts qui peuvent naître d'une mauvaise éducation, suite trop ordinaire d'une grande fortune. Elle trouve toutes les qualités opposées dans une jeune novice, la sœur *Saint-Ange*, qui autrefois avait dû épouser ce même comte *de Sincerre*, et que la ruine de sa fortune a réduite à prendre le voile. Cette intéressante novice a conservé un souvenir si tendre de celui qu'elle devait épouser, que s'amusant à dessiner des têtes, il se trouve que c'est toujours sous des habits et des profils différens, celle du comte *de Sincerre*. Elle a d'ailleurs cultivé tous les talens agréables; elle est pleine d'esprit, de douceur et de modestie, et la comtesse *de Sincerre* est assez sensée pour la préférer, sans fortune, à toute l'opulence de Mlle *de Fierville*. Le dialogue de cette petite pièce est naturel et agréable, et le cailletage du couvent, à la vérité, très-facile à imiter, y est assez bien rendu. La pièce est bien jouée; elle a réussi.

LETTRE CCXCVI.

1791.

Le *Macbeth* de M. *Ducis* est encore bien plus mauvais que le *Barnevelt* de M. Lemierre. On sait assez que M. Ducis n'a jamais su concevoir un plan ni conduire une pièce, qu'il manque également d'invention et de connaissance du théâtre; mais que dans les sujets qu'il emprunte, il y a toujours quelques scènes d'une couleur tragique, quoique souvent imparfaites et irrégulières. Ses deux meilleures sont celles qu'il a imitées de l'*OEdipe à Colone*, et qui auraient pu soutenir son ouvrage, s'il n'y eût pas mal-adroitement amalgamé l'*Alceste* d'*Euripide*, qui n'a aucun rapport avec l'*OEdipe* et forme une duplicité d'action qui a empêché la pièce de rester au théâtre. Dans ses autres productions, c'est toujours dans *Shakespeare* qu'il a puisé, et ce n'était sûrement pas là qu'il pouvait étudier l'art dramatique. Il vient encore de nous donner au théâtre de la rue de Richelieu le *Jean-sans-terre* du poëte Anglais, qui n'a eu aucun succès, et dont je parlerai quand il sera imprimé. Il faut voir aujourd'hui ce que c'est que son *Macbeth*.

Ce sujet est d'une horreur froide et repoussante, parce qu'il n'y a nulle proportion entre les crimes et les motifs, entre les moyens et l'action; et de plus, les évènemens de la pièce sont dépourvus de toute vraisemblance.

La scène se passe en Écosse, à une époque qui n'est point déterminée, ce qui est déja un défaut; mais qui est évidemment celle d'un siècle reculé et barbare. Le poëte nous dit lui-même qu'un roi d'Écosse n'est qu'un chef de guerriers dans un pays pauvre et sauvage : ce n'est pas là que l'ambition de régner fait commettre de grands crimes; c'est dans les états où le pouvoir absolu réunit toutes les séductions des peuples corrompus. *Duncan*, roi d'Écosse, est en guerre contre un rebelle nommé *Cador*, et *Macbeth* commande son armée. On est prêt à donner une bataille décisive, et pendant ce temps, *Duncan* vient chercher dans une forêt son fils *Malcome* que l'on croit mort depuis longtemps, et qu'il a fait élever en secret par *Sevar*, qui passe pour le père de *Malcome* et lui a caché sa naissance. Le dessein de

Duncan, à ce qu'on nous dit, était de rendre son fils plus digne de régner. Mais encore une fois, ce n'est guères au milieu d'une horde à-peu-près sauvage que de pareilles précautions peuvent être de mise. Au reste, toutes ces improbabilités qui tiennent à l'avant-scène, pourraient s'excuser, si elles produisaient de grands effets; nous allons voir de bien plus fortes invraisemblances. On peut même encore passer sur une disconvenance assez marquée, celle d'amener *Duncan* dans cette forêt, au moment où il serait beaucoup plus naturel, plus digne d'un roi, et sur-tout d'un chef de tribus guerrières, d'être à la tête de son armée et de défendre lui-même sa couronne. On ne prend pas seulement la peine de colorer par le moindre prétexte cette absence du roi qui laisse *Macbeth* se battre pour lui. Mais ne nous rendons pas difficiles sur ce premier acte; nous aurons bien d'autres reproches à faire à l'auteur. *Duncan* apprend de la bouche de *Sevar* que le jeune *Malcome* est digne de sa naissance et du trône; c'est tout ce que contient le premier acte.

Au second, le théâtre change, et nous sommes dans le palais de *Macbeth*, à Inverness. *Frédégonde* sa femme l'attend au retour de la victoire qu'il vient de remporter sur les rebelles. *Cador* est tué ; *Herford*, un prince du sang royal, qui combattait pour *Duncan*, est blessé à mort : il ne reste de la famille royale connue que *Glaucis*, le plus proche héritier et l'ami de *Duncan*. Tous deux viennent, *sans suite et sans garde*, nous dit-on, passer la nuit chez *Macbeth*. Il est difficile de concevoir comment un roi victorieux vient chez le général, *incognito*, sans que dans un moment de triomphe et d'alégresse ni le peuple ni les soldats viennent au devant de lui. Cette solitude absolue est hors de toute croyance, à moins qu'on ne la motive ; mais l'auteur qui a besoin de toutes ces circonstances extraordinaires, se dispense, suivant sa coutume, d'en donner la moindre raison.

Cependant *Frédégonde* est dévorée de la soif de régner, et voudrait faire partager à son mari ses projets ambitieux ; mais elle se plaint qu'il est trop *timide* ; lui-même parle en homme qui a le sentiment de ses devoirs et de la vertu. Il est pourtant fort agité par un songe qui lui a promis le trône, et par les prédictions d'une fameuse sorcière du pays, nommée *Iphictone*, qui lui a dit, *Tu seras roi.* Cette *Iphictone* est peinte avec des traits terribles; le songe est tracé avec énergie : ce sont des beautés de détail, les seules de cet ouvrage; d'ailleurs le songe et la magie appartiennent à la crédulité superstitieuse de ces temps barbares, et au caractère connu de ces peuples montagnards. Leurs poésies en font foi; ces couleurs locales sont un mérite du poëte, mais qui ne saurait compenser tous les vices de l'action et du sujet.

Frédégonde regarde la conjoncture de l'arrivée du roi et de son séjour dans le château comme une occasion décisive. Elle presse *Macbeth* de remplir ses destinées qui l'appellent au trône, et lui représente que *Duncan* et *Glaucis* peuvent passer en un moment du sommeil à la mort. *Macbeth* frémit et se trouble; il balance; enfin, il se refuse absolument à un forfait qui lui fait horreur. Alors *Frédégonde* s'imagine de lui faire accroire que *Duncan*, pour prix de la victoire que *Macbeth* vient de remporter, ne se propose rien moins que de le mettre aux fers et de le faire mourir. On ne peut voir sans une extrême surprise que *Macbeth* n'oppose pas le moindre doute, pas la moindre objection à cette accusation si peu vraisemblable et dont *Frédégonde* n'apporte pas même la plus légère preuve. Il trouve tout simple que ce *Duncan*, un bon roi, à qui l'on n'a jamais reproché aucun acte de tyrannie, veuille faire périr lâchement le plus fidèle de ses serviteurs, l'homme à qui il doit tout, et vienne en même temps, sans la moindre défiance, se remettre entre ses mains, et coucher dans sa maison sans gardes et sans défense. Il faut avouer que cette crédulité de *Macbeth* peut s'appeler de la bêtise; au premier mot, il se résoud au crime qui tout-à-l'heure l'épouvantait. On vient leur annoncer qu'un certain *Magdonald*, officier de l'armée des rebelles, vient attaquer le palais, et *Frédégonde* observe que rien n'est plus favorable que cet évènement, parce qu'il sera facile d'attribuer à ce *Magdonald* le meurtre du roi et de *Glaucis*. Comment *Magdonald*, avec quelques restes d'une armée battue, peut-il venir attaquer Inverness où est l'armée victorieuse? C'est ce dont l'auteur ne nous rend pas compte, et ce qu'on ne comprend pas plus que tout le reste; et ce qu'il y a de plus curieux, c'est qu'au quatrième acte, après que *Duncan* et *Glaucis* ont été massacrés dans l'entr'acte par *Macbeth*, on ne nous dit pas un seul mot de ce *Magdonald*; il n'en est pas plus question que s'il n'eût jamais existé. Il est réellement étrange de bâtir ainsi un plan sur l'oubli des plus simples notions du bon sens.

Voilà donc *Duncan* et *Glaucis* tués, et dans l'instant même, au milieu de la nuit, sans explication ni examen, les officiers de l'armée viennent offrir la couronne à *Macbeth* qui est dans le délire des remords. On pourrait croire la pièce finie. Point du tout. Une autre commence, et nous ne sommes pas au bout des horreurs, des massacres et des extravagances. Ce *Sevar* qui a élevé *Malcome*, le fils de *Duncan*, vient tout d'un coup, sans aucune préparation, et lorsque tout le monde ignore qui a tué le père, révéler à *Macbeth* la destinée du fils, et lui remettre le billet qui prouve sa naissance. Il est difficile de pousser plus loin la confiance, et assurément le jeune prince a là un gouverneur bien attentif à la sûreté de son élève, bien prévoyant, bien précautionné. *Macbeth* accablé du poids de son crime, et qui l'a commis, ce crime de la plus féroce ambition, sans être ambitieux, *Macbeth* qui n'a été un vil assassin que par faiblesse pour sa femme, ce qui est nécessairement sans aucun intérêt, sans aucune dignité tragique, l'imbécille *Macbeth* ne demande pas mieux que de remettre cette couronne qu'il vient d'acheter par le plus abominable attentat ; mais *Frédégonde* n'est pas de cet avis. Elle n'imagine rien de mieux que de faire assassiner *Malcome*. Ce n'est pas tout. La nuit règne toujours sur la scène. Cette femme, occupée d'un projet si atroce, et dont elle attend sa destinée, s'endort profondément, et devient somnambule. Il n'y a peut-être pas d'exemple, depuis que le monde existe, qu'une créature humaine se soit endormie dans une pareille situation : certes, on serait éveillé à moins ; mais enfin l'auteur a besoin qu'elle dorme : elle dort dans *Shakespeare* ; il n'y a rien à répondre à cela. Qu'arrive-t-il ? Les assassins apostés tuent *Macbeth* au lieu de *Malcome*, et *Frédégonde*, toujours dormant et toujours somnambule, poignarde son propre fils dans son berceau, en croyant, dans son rêve, tuer *Malcome*. Cette pièce entière n'est en effet qu'une espèce de rêve : mais bien noir et bien fou.

Et que d'événemens dans cette nuit ! Le troisième acte commence (l'auteur a soin de nous en avertir), entre une heure et deux après minuit; et avant qu'il soit jour, *Frédégonde* a le temps de séduire *Macbeth* et de l'engager au crime; *Magdonald* attaque le palais; *Duncan* et *Glaucis* sont tués; le peuple et l'armée offrent la couronne à *Macbeth*; *Sevar* vient lui confier le fils et l'héritier de *Duncan*; *Frédégonde* aposte des meurtriers pour tuer le jeune prince; elle se promène long-temps dans le palais, toujours rêvant debout, et finit par égorger son fils, et *Macbeth* est assassiné, et *Malcome* reconnu roi, et tout cela dans une nuit. Il n'y en eut jamais d'aussi bien remplie; et quand cette nuit aurait été aussi longue que celle que Jupiter passa auprès d'Alcmène, je doute que tant d'événemens extraordinaires eussent pu s'exécuter ainsi, et s'accumuler les uns sur les autres. Et voilà ce que nous appelons des tragédies !...

LETTRE CCXCVII.

Nous venons de voir un exemple que je crois unique, d'une espèce de brigandage littéraire, dont l'impudence et le succès sont également remarquables. Un nommé *Collot d'Herbois* s'est avisé de s'emparer d'une pièce de *Voltaire*, à la vérité beaucoup moins connue que les autres, parce qu'elle n'a jamais été jouée nulle part, mais imprimée dans toutes les éditions de ses œuvres : c'est un drame en prose, et en trois actes, intitulé, *la Mort de Socrate*. Ledit Collot en a changé le titre, parce qu'il en changeait aussi le dénouement, et l'a fait représenter au théâtre de Monsieur, comme un ouvrage de lui, et l'a imprimé, avec son nom à la tête, sous le titre de *Procès de Socrate*. Son intention était de faire de cette pièce une allusion à la procédure du châtelet, sur les attentats du 5 octobre, procédure qui venait d'être éteinte par un décret de l'assemblée nationale. Il n'y avait rien là qui ressemblât le moins du monde à Socrate; mais il s'agit de juges pervers, contre lesquels le peuple se soulève à la fin de la pièce, et l'auteur s'est flatté que le public tournerait contre le Châtelet tout ce qu'on dit contre l'Aréopage, et que cette disposition suffirait pour faire réussir la pièce. Il ne s'est pas trompé; mais ce qui paraît presque inconcevable, c'est que personne n'a reclamé contre un plagiat si effronté. L'auteur, sans prendre aucune peine pour déguiser son larcin, s'est conduit comme ces voleurs qui se persuadent que le bien d'autrui est à eux. Dans une préface pleine de jactance, il parle de son ouvrage, de son *succès brillant*, et remarque seulement, comme par apostille, qu'il existe, sur le même sujet, une *esquisse* de Voltaire dont il a pris quelques traits pour *faire son tableau*; cette esquisse est précisément sa pièce en entier, sans autre changement que celui de la dernière scène, où donnant un démenti ridicule à l'histoire la plus connue, afin de se rapprocher de l'histoire du jour, il fait sauver Socrate par le peuple. D'ailleurs ce sont les mêmes personnages, la même action, la même marche, le même dialogue de scène en scène, à très-peu de chose près; c'est-à-dire qu'il a dérangé l'ordre de quelques scènes, la forme de quelques phrases : voila tout, et c'est ce qu'il appelle *son tableau*. J'avoue que rien ne m'a jamais paru plus curieux, et que je n'ai pu le croire qu'en lisant les deux pièces à côté l'une de l'autre. Apparemment que le sieur Collot a cru que c'était là un des privilèges de la liberté, et c'est le cas de lui appliquer les deux vers de *la Métromanie*, en faisant comme lui, et n'y changeant qu'un mot :

La liberté, monsieur, a ses licences ; mais
Celle-ci passe un peu les bornes que j'y mets.

Les contes et les romans sont en possession de fournir au théâtre Italien les bagatelles qui s'y succèdent de semaine en semaine. *Paul et Virginie*, roman de M. *Bernardin Saint-Pierre*, a été mis en opéra-comique, avec succès : la pièce est à une grande distance du roman, l'un des meilleurs morceaux que nous ayons en ce genre ; mais quoiqu'il n'y ait ni intrigue, ni plan, et qu'un long épisode hors d'œuvre, et un rôle de mère aussi insipide qu'inutile, y jettent de la langueur ; le fond du sujet qui a quelque intérêt, des tableaux et de la musique, l'ont fait réussir comme tant d'autres. Il en a été de même du *Franc Breton*, sujet tiré d'un assez joli conte de *Marmontel*, inséré, il y a quelque temps, dans le *Mercure*; mais cette dernière pièce a eu l'honneur de réussir sans musique; l'agrément du dialogue fait pardonner le défaut d'intrigue et d'action.

LETTRE CCXCVIII.

M. DE MURVILLE qui n'avait pas été heureux jusqu'ici au théâtre où il avait donné une petite pièce en un acte, *le Rendez-vous du mari*, et un drame en 3 actes, *Lanval et Viviane*, l'un et l'autre sans mérite et sans succès, a été cette fois-ci un peu plus heureux, au moins pour la réussite, dans une tragédie qui a pour titre *Abdelazis et Zuleïma*. Ce n'est pas que la pièce soit bonne, au contraire, il y en a peu d'aussi mauvaises; mais on assure qu'on avait si peu d'opinion de son talent dramatique, que l'on a été surpris qu'il n'ait pas fait encore plus mal; et qu'après l'ennui et la déraison des trois premiers actes, il s'est trouvé au quatrième une scène assez raisonnable, où l'on disait enfin ce qu'on devait dire, qui offrait quelque intérêt, et qu'on a été si content de cet effort, qu'on lui a fait grace du reste. Ce qui est certain, c'est que la pièce, applaudie le premier jour, a toujours été dans la suite en décroissant d'effet, ce qui est précisément le contraire de ce qui arrive aux bons ouvrages. Je l'ai vue à la septième représentation; il n'y avait presque point de monde et encore moins d'applaudissemens; mais comme il est ami des directeurs, qui d'ailleurs ont fort peu de pièces montées, faute de décorations, on l'a laissé traîner jusqu'à la douzième représentation, ce qui fait ce qu'on appelle un succès, et ce qu'ont obtenu tant de pièces qu'on n'a point revues et dont les titres mêmes sont oubliés.

Cette singulière disposition à l'indulgence excessive en raison du peu de cas qu'on fait d'un auteur, et qui est la véritable explication du succès momentané de tant de mauvais ouvrages de théâtre, me rappelle une anecdote assez plaisante. Le marquis *de Ximenez* donnait, il y a trente ans, *Epicharis*, que l'on sifflait à outrance, parce qu'alors le parterre était un peu plus sévère. Le comte *du Luc*, ami de l'auteur, mais connu pour être très-malin et très-caustique, applaudissait de toute sa force, au milieu des huées générales. Quelqu'un lui en témoigna sa surprise. *Moi, messieurs,* (dit-il), *je suis très-content : je n'en attendais pas tant du marquis.*

Un léger apperçu sur cet *Abdelazis*, peut

faire voir à quelle dégradation nous sommes arrivés, puisqu'on applaudit de pareilles pièces. Le fond est un roman de l'invention de l'auteur. Il est curieux de voir comme il invente. Sa fable est fondée, comme *les Ménechmes*, sur une ressemblance, et l'on n'aurait pas cru que ce ressort si comique pût fonder une tragédie. Cet *Abdélazis* est un aventurier (du moins il n'a pas d'autre titre dans la pièce) qui était amoureux de *Zuleïma*, fille d'*Almanzor*, roi de Grenade, du temps que *Ferdinand* et *Isabelle* régnaient en Espagne, et que les Maures étaient en guerre avec les Chrétiens. Ecoutons *Abdélazis* lui-même, racontant ses aventures à celle dont il est devenu l'*Époux par supercherie* : (c'est le titre d'une comédie de *Boissi*, qui conviendrait parfaitement à la tragédie de M. de Murville.)

. . . . Vois en moi ce guerrier,
Vainqueur dans un tournoi ; cet obscur chevalier,
Qui, sans se découvrir t'avoua sa tendresse,
Et partit de Grenade, accablé de tristesse.

Abdélazis est devenu, sous le nom du prince *Abderame*, l'époux de *Zuleïma*, pour avoir remarqué dans une fontaine qu'il ressemblait à cet *Abdérame*. Voilà l'avant-scène : voici la pièce. Il y a six ans que tout cela s'est passé. *Abdélazis* et sa femme s'aiment de tout leur cœur : ils ont un enfant : ils sont tendrement chéris d'*Almanzor* ; mais le faux *Abdérame*, tourmenté du remords de sa tromperie, laisse paraître une tristesse qui alarme sa femme et son beau-père. Arrive *Nasser*, ce vieillard qui avait élevé le véritable *Abdérame*, et qui l'a vu mourir en esclavage, trois ans après qu'il eût été fait prisonnier aux champs de Legorie. *Nasser*, qui était esclave comme lui, n'a pu être libre que de ce moment, et apporte à *Zuleïma* une lettre de son ancien prétendu. Il est bien étonné, comme de raison, de la trouver mariée à un *Abdérame* vivant ; il le traite d'imposteur. Mais le faux *Abdérame*, malgré tous ses scrupules et tous ses remords, soutient son mensonge avec tout le sang-froid et toute l'artificieuse douceur du scélérat le plus profond et le plus hypocrite. Il serre le vieux *Nasser* dans ses bras, il l'accable de caresses ; il veut absolument en être reconnu. En un mot, il joue la scène du *Tartuffe* ; et

F..

l'on a souffert dans le héros d'une tragédie, dans le personnage intéressant, cette basse et cruelle hypocrisie, qui ne tend à rien moins qu'à faire périr un innocent; car *Almanzor*, persuadé que *Nasser* en impose, le condamne à la mort. Alors *Abdélazis* prend sur lui de faire évader ce pauvre vieillard, qui va être pendu pour avoir dit la vérité; mais il arrive que la lettre qu'apportait *Nasser* et qu'il avait perdue, se retrouve dans le camp des chrétiens, est envoyée au roi de Grenade, qui connaît l'écriture et le seing du prince *Abdérame*, et il n'y a plus moyen de nier l'évidence. Dans de pareilles circonstances, que doit-il arriver naturellement, et que doit faire *Almanzor?* Assurément il n'y a qu'un parti à prendre. Le mal est fait, il est sans remède. *Abdelazis* n'a pas été, il est vrai, fort délicat sur le choix des moyens pour obtenir *Zuleïma;* mais enfin il est depuis six ans son mari, il en a un enfant; il est aimé du père et de la fille; c'est d'ailleurs un vaillant guerrier, un héros, l'appui de Grenade assiégée et le défenseur de la patrie. *Abdérame* est mort, il passe pour l'être; personne ne réclame : ce qu'il y a de mieux à faire est de laisser les choses comme elles sont et de les ensevelir dans le secret. Point du tout. Voilà que cet *Almanzor*, qui était le meilleur homme du monde, devient furieux; il ne voit rien de mieux que de faire pendre son gendre et son défenseur, et de livrer sa fille à l'abandon et au déshonneur. Il le fait juger par le divan qui condamne à la mort non-seulement le père, mais encore l'enfant. Ce n'est pas tout. *Zuleïma* n'est pas moins furieuse; elle se persuade, sans la moindre raison, que cet homme qui l'aime depuis six ans, au fond n'est qu'un ambitieux qui voulait régner. Elle demande vengeance à grands cris. Cependant elle fait réflexion qu'il est dur que son mari soit envoyé au supplice; elle trouve plus simple de le tuer elle-même, et vient la nuit, dans la prison où il est, pour le poignarder. Peut-on concevoir un plus absurde renversement de toutes les idées les plus communes de la nature et du bon sens? L'enfant qui est dans la prison avec son père (car on met actuellement des enfans partout), et qui était endormi, s'éveille fort à propos au moment où *Zuleïma* va frapper son mari. Scène d'explication. *Abdélazis* lui jure qu'il n'a jamais rien fait que pour l'amour; et comme si depuis six ans elle ne devait pas savoir à quoi s'en tenir là-dessus, elle est enchantée de cet aveu, et devient la protectrice de celui qu'elle voulait tuer un instant auparavant. Quel tissu d'absurdités ! Mais *Almanzor* est inflexible; il veut toujours faire exécuter son gendre et son petit-fils, parce qu'*Abdélazis* a fait le bonheur de sa fille et défendu ses états sous le nom d'*Abdérame*. Comme il faut pourtant finir, le peuple de Grenade délivre *Abdélazis*; il repousse les chrétiens et délivre Grenade; il combat et terrasse *Ferdinand* qui ne s'est jamais battu contre personne, et tout s'arrange le plus doucement du monde.

Ce qu'il y a de plaisant encore, ce sont les éloges que quelques journalistes ont prodigués au style de cet ouvrage. Il faut assurément que l'oreille du public soit bien fatiguée des vers durs et barbares de nos pièces modernes, puisqu'on s'est extasié sur ceux d'*Abdélazis*, uniquement parce qu'ils ne sont pas dépourvus de nombre, ni hérissés de barbarismes et de solécismes; car d'ailleurs le style en est très-faible, plein de chevilles, de termes impropres, de mauvais goût, de réminiscences, etc. C'est, en un mot, un style d'écolier, comme la pièce. Mais aussi le public qui juge aujourd'hui aux spectacles, est si différent de celui qui les fréquentait autrefois ! Il ne faut s'étonner de rien en ce genre, et une révolution comme la nôtre n'est pas une époque favorable aux lettres et au bon goût.

M. *Chénier*, qui n'avait pas eu beaucoup de succès dans son *Henri VIII*, en a eu encore moins dans son *Calas* qu'il a fallu abandonner après trois représentations. Il est vrai que c'est un triste sujet, et qu'un procès criminel s'adapte difficilement aux convenances théatrales ; mais enfin *Barnevelt* était infiniment plus difficile ; *Lillo*, chez les Anglais, en est venu à bout, et a même fait un ouvrage du plus grand intérêt ; mais c'est que Lillo avait du talent pour le pathétique, et c'est précisément ce qui manque le plus à M. Chénier. C'est un jeune rhéteur dont la tête est remplie de toutes les maximes philosophiques et politiques, qu'il a lues par-tout, et qu'il entasse sans choix et sans mesure dans des scènes qui deviennent ainsi un tissu de déclamations et de réminiscences. Son *Calas* n'est guères autre chose, aussi a-t-il beaucoup ennuyé ; on a cru voir cependant que la versification en était un peu plus passable que celle de ses autres pièces : c'est ce dont on ne peut s'assurer qu'à l'impression, et ni *Henri VIII*, ni *Calas* ne sont encore imprimés.

LETTRE CCXCIX.

Les comédiens français ne sachant de quoi s'aviser pour ramener le public qui les abandonne, se sont avisés d'annoncer *Athalie avec des chœurs chantés.* Cette nouveauté, déja essayée sur le grand théâtre de Versailles, il y a vingt ans, n'y avait eu aucun succès, malgré la magnificence des accessoires et les talens des chanteurs qui étaient ceux de l'Opéra. On ne vit qu'une froide bigarrure, un amalgame de mauvais goût, qui gâtait deux arts en voulant les unir, la musique et la déclamation. L'une nuit à l'autre, il faut absolument choisir, et tout chanter ou tout déclamer. Comment ne s'est-on pas douté que l'appareil et la lenteur de la musique arrêtait ce qu'il y a de plus essentiel dans la tragédie, la marche de l'action, et qu'il n'y avait plus, par ce mélange, ni vérité ni illusion? On s'y est accoutumé dans de petits ouvrages, comme les opéras comiques; mais rien n'est plus déplacé dans un grand ouvrage, comme une tragédie.

Les comédiens s'embarrassent fort peu de

toutes ces considérations; ce n'est pas l'art qui les occupe, c'est l'argent. Ils n'ont donc songé qu'à se procurer des chanteurs, et pour cela ils se sont associés avec les comédiens Italiens, ci-devant privilégiés comme eux; ceux-ci n'ont pas mieux demandé que de fraterniser avec ceux qui faisaient cause commune avec eux; ils sont venus chanter sur le théâtre français, et à leur tour les comédiens Français sont venus jouer sur le théâtre italien, de manière qu'*Athalie* a été représentée successivement aux deux spectacles. Apparemment cette association bizarre a paru piquante au public, et comme aujourd'hui le goût des arts n'entre plus pour rien dans celui des spectacles, et que le plus grand attrait est la nouveauté quelconque et sur-tout la singularité, on s'y est porté en foule. Les deux troupes réunies n'ont pas manqué de défiler processionnellement dans la cérémonie du couronnement de *Joas*, depuis les chefs d'emploi jusqu'aux confidens et aux danseurs, tous habillés en lévites, et partagés de manière qu'un comédien Français donnait la main à un comédien Italien, *Molé* à *Clairval*, M.lle *Contat* à M.me *Dugazon*, *Dazincour* à *Trial*, etc.; ensuite tous se séparaient en se faisant une révérence, et se rangeaient aux deux côtés du théâtre. Cette mascarade, si indécemment mêlée à une pompe qui ne devait être que tragique et religieuse, ces figures accoutumées à faire rire, paraissant là si mal-à-propos ; en un mot, le spectacle d'une coalition de deux troupes de comédiens remplaçant si ridiculement le spectacle d'*Athalie*, tout cela n'a paru aux gens de bon sens que le comble de l'impertinence et du mauvais goût. Mais le parterre qui depuis quelques années a la complaisance de se mettre comme en société avec les comédiens, qui ne devraient être pour lui que des acteurs, ce parterre qui songe toujours aux foyers quand il ne devrait voir que la scène, a trouvé très-bon de revoir dans *Athalie* la procession du *Malade imaginaire*; il a joint de grands applaudissemens à de grands éclats de rire (bel effet d'une tragédie !) et a rappelé ce mot d'*Horace* qui dit, en parlant de la sottise du peuple, que si *Démocrite* revenait, il trouverait des spectateurs, plus curieux à voir que le spectacle.

A l'égard de la musique, elle n'a pas produit le moindre effet; c'est une psalmodie monotone et bruyante, étouffant de beaux vers que les amateurs regrettaient de ne pas entendre. En général, si on prend le parti de chanter des vers français, il faut absolument qu'un coryphée chante d'abord seul chaque strophe, et qu'elle soit ensuite répétée en chœur. Quoi de plus ridicule que de chanter pour n'être pas entendu !

LETTRE CCC.

Les théâtres se multiplient tous les jours, sans multiplier ni les talens, ni les bons ouvrages ; mais il fallait nécessairement s'attendre à ce premier effet d'une liberté indéfinie dans ce genre d'établissement. Il est dans la nature des choses, que toute liberté commence par l'abus. L'avidité spécule sans calculer ; on se fait entrepreneur de spectacle sans avoir les fonds, les ressources et les connaissances nécessaires, et au bout d'un an on fait banqueroute : c'est ce qui ne manquera pas d'arriver à plusieurs de nos nouveaux spectacles. Mais avec le temps, il ne restera que ce qui aura mérité l'attention du public, et ce qui suffira pour entretenir la concurrence dont les talens ont besoin pour être libres, et dont le public a besoin pour être bien servi.

Le seul de ces théâtres où se soit montré un talent distingué, c'est celui du Marais, situé rue Culture Sainte-Catherine, chaudement protégé par *Beaumarchais*, dont la nouvelle maison est au boulevard Saint-

Antoine, et qui voudrait par conséquent conserver un spectacle dans son quartier.

Un comédien, nommé *Baptiste*, s'y est fait remarquer par le naturel et la vérité de son jeu ; c'est véritablement un fort bon acteur. Mais comme tout le reste est au-dessous du médiocre, et qu'un acteur ne fait pas une troupe, celle-là fait encore assez mal ses affaires. Beaumarchais leur a donné ses pièces ; mais comme elles sont fort connues, et qu'elles ne pourraient attirer de monde que par le mérite de l'exécution, ce ne peut pas être une ressource suffisante pour une troupe qui n'est pas à beaucoup près en état de jouer ces pièces comme on les jouait à l'ancienne fcomédie rançaise.

Le théâtre de la rue Feydeau, nommé auparavant théâtre de Monsieur, se soutient toujours par la musique italienne, et d'autant plus aisément, que la salle étant fort petite, est précisément ce qu'il faut pour contenir les amateurs qui en sont les habitués. Les pièces y sont si mauvaises, que c'est proprement un concert plutôt qu'un spectacle. Mais ce concert est si parfait, on y a rassemblé tant de talens du premier ordre, *Mandini*, *Rovedino*, *Vagonini*, Mlle *Baletti*, et sur-tout

M.me *Morichelli*, que la salle est toujours pleine. Cependant comme les frais en sont très-considérables, et que les acteurs sont très-chèrement payés, les entrepreneurs, à ce qu'on assure, sont déja endettés de plus d'un million; et l'on ne sait s'ils pourront se mettre au-dessus de leurs affaires.

On y joue de temps en temps quelques pièces françaises qui ne sont pas ce qui réussit le mieux. *Le Cousin Jacques*, l'auteur de la fameuse pièce de *Nicodême dans la Lune*, a cru que la famille *des Nicodêmes* ferait la même fortune que celle des *Figaros*; il a fait jouer rue Feydeau, *les deux Nicodêmes*, mauvaise farce, mi-partie, où il soufflait le froid et le chaud, et célébrait tour-à-tour en vaudevilles l'aristocratie et la démocratie. Il est arrivé que le pauvre homme, qui voulait manger à deux rateliers, a été outrageusement sifflé par les deux partis, en même temps qu'on sifflait aux Italiens une autre farce de lui, intitulée *les Capucins*. On a fait du moins un meilleur accueil à *Lodoïska*, sujet moitié historique, moitié romanesque, fondé en partie sur les *Aventures de Pulawski*. La musique, un grand fracas de spectacle et sur-tout des incendies, ont valu quelque réussite à ce sujet, qui a été traité en même temps par deux auteurs différens, au théâtre de la rue Feydeau et à celui des Italiens. Les incendies sont, depuis quelques années, la grande ressource des auteurs froids, qui ne pouvant pas mettre de feu dans leurs pièces, mettent au moins le feu au théâtre.

Les comédiens Français, pour réchauffer le leur qui commençait à être abandonné, se sont avisés d'un meilleur moyen; ils ont fait revenir *Préville* qui était retiré depuis cinq ans; et comme dans cet intervalle, il ne s'était rien présenté qui pût soutenir la comparaison, et que la plus grande partie du public des spectacles qui se renouvelle sans cesse d'année en année, ne connaissait Préville que par sa grande réputation, son talent a paru tout nouveau; et il est vrai de dire, qu'à l'âge de soixante-quatorze ans, il n'a réellement rien perdu; son retour a été un événement pour la capitale; l'affluence est prodigieuse chaque fois qu'il joue, et il joue deux ou trois fois la semaine, et jouera vraisemblablement tout l'hiver; les comédiens qui étaient ruinés, avaient grand-besoin de cette bonne fortune. Leurs nouveautés ne leur avaient pas valu grand argent; un

Marius à Minturnes, déclamation dramatique en trois actes, sans action, sans intérêt et sans style, a été fort vanté par des journalistes qui prennent de grands mots pour de beaux vers, mais n'a pas attiré les spectateurs.

Ils donnent aujourd'hui avec un peu plus de succès, une comédie en cinq actes et en vers, intitulée l'*Homme aimable*, ou *le Conciliateur*, de M. *Dumoustier*, auteur de *Lettres en prose et en vers sur la Mythologie*, qui n'étaient pas dépourvues d'agrément et de facilité. Il faut un peu plus que cela pour une comédie en cinq actes, aussi la sienne est-elle fort mauvaise. Sans parler de ce titre avantageux, l'*Homme aimable*, l'ouvrage n'est qu'un réchauffé de tout ce qu'on connaît de petits moyens vulgaires; des adresses changées sur des billets, de vieilles intrigues de valets et de soubrettes, une vieille tante, qui comme tant d'autres personnages du même genre, veut que tout le monde soit amoureux d'elle, un style faible et flasque, de petites maximes usées, mielleusement philanthropiques, une profusion de petits sentimens doux, d'une fadeur mortelle, enfin un amas des plus frivoles bluettes; voilà ce que le jeu des acteurs à fait applaudir.

Les comédiens Français ont conservé leur supériorité dans la comédie qu'ils jouent mieux qu'aucune troupe.

LETTRE CCCI.

M. DE RHULIÈRES vient de mourir; on a cru devoir ouvrir son corps pour connaître les causes d'une mort presque subite, et que rien n'annonçait; ces causes reconnues dans le procès-verbal d'ouverture, sont une espèce de phénomène physique qui doit être extrêmement rare. On lui a trouvé une poche remplie de sang caillé, de dix pouces de long et de trois de diamètre, adhérente aux côtes, et qui avait refoulé l'extrémité du cœur vers la cavité du milieu. Les chirurgiens ont pensé que cette poche, produite originairement par un anévrysme ou rupture de vaisseaux, avait dû être au moins vingt années à se former et à croître jusqu'à cette excessive grandeur. Il se plaignait depuis quelque temps de douleurs dans le dos et dans le côté, de palpitations de cœur, de fatigue de poitrine, etc.; mais d'ailleurs il avait toutes les apparences de la santé et même de la force, et ne paraissait pas à beaucoup près son âge. Il avait 62 ans.

Voilà quatre places vacantes à l'Académie

française, la sienne, celle de l'abbé *de Radonvilliers*, du maréchal *de Duras* et de M. *de Guibert;* on ne songe encore à en remplacer aucun. L'Académie, avant de se recruter, veut être sûre de son existence qui n'est encore que provisoirement confirmée par l'assemblée nationale. Il y a deux opinions sur ce sujet; les uns veulent anéantir toutes les académies; c'est l'avis qui doit être ouvert dans un rapport *sur l'enseignement public*, composé par M. *de Mirabeau* et M. *de Chamfort;* les autres veulent les conserver, et pensent qu'elles peuvent être utiles et nullement dangereuses, en conformant leurs statuts au nouveau gouvernement. Cet avis qui est le mien, et que j'ai développé dans le *Mercure*, est aussi celui de l'ancien évêque d'Autun, qui le soutiendra dans un rapport à l'assemblée nationale sur le même objet que MM. de Mirabeau et Chamfort ont traité. J'ignore quel parti prendra l'assemblée; mais je pense que si c'est celui de la destruction, ce sera un acte de barbarie vandale bien gratuitement exercée, et bien indigne d'une nation éclairée. Il est tout naturel que l'on soit jaloux d'une société littéraire; mais il est bien sot de la craindre dans l'ordre actuel des choses, et bien plus mal-adroit de n'en pas tirer parti.

M. *de Rhulières* était un homme d'esprit et de talent : il a prouvé l'un et l'autre, quoique fort tard, en prose et en vers. Il avait suivi jusqu'à quarante ans la carrière des affaires politiques, et avait été employé dans les ambassades : soit que ce genre de travail se trouvât analogue au caractère de son esprit, soit qu'il ait servi à le former et à le déterminer, il choisit pour sujet de ses premiers écrits la politique et l'histoire. Il revint de Pétersbourg à Paris avec un précis historique sur la dernière révolution de Russie, qui excita d'autant plus de curiosité, qu'il n'était pas destiné à l'impression. Je l'ai lu plusieurs fois ; j'ignore jusqu'à quel point il est fidèle dans les détails ; mais ce qui est certain, c'est que l'ouvrage est écrit d'une manière piquante, originale, pittoresque, qui cependant est plus dans le style des mémoires que dans celui de l'histoire. Il se rapproche de Tacite par la précision et le tour de la pensée, mais non par la dignité et les grands tableaux. Je ne connais de ses *Révolutions de Pologne* que des fragmens ; c'était un ouvrage beaucoup plus considérable : il devait former trois ou quatre volumes; ce que j'en ai entendu, m'a paru plus fort et plus substantiel que le morceau sur la Russie, et il m'a semblé que l'auteur avait acquis plus de connaissances et de maturité. On pourra bientôt en juger, car sans doute ces deux productions ne tarderont pas à voir le jour.

Son livre sur *la Révocation de l'Edit de Nantes*, entrepris par ordre du ministère, ne lui en a pas fait moins d'honneur; ce n'est point un ouvrage de commande, c'est celui d'un historien; il y a dit des vérités importantes, puisées dans une exacte recherche des faits; il a répandu une lumière nouvelle sur cette matière si souvent traitée; il a été impartial et vrai : nous n'avons en ce genre rien de mieux.

Son discours de réception à l'Académie a mérité d'être distingué, comme tout ce qui sortait de sa plume : il est bien pensé et bien écrit, mais sans s'élever nulle part à la grande éloquence. Son talent ne l'y portait ni en prose ni en vers; il ne va nulle part au-delà de ce qui s'appelle esprit et raison; mais c'est toujours beaucoup d'aller jusques-là, sur-tout à l'époque de la corruption et des excès de toute espèce.

En poésie, il débuta par un discours en vers *sur les Disputes*, qui eut un grand succès, et qui est resté dans la mémoire de tous les connaisseurs. Il s'y montra capable d'atteindre au grand sens, à la bonne plaisanterie et à l'élégant mécanisme de la versification de *Boileau*; mais si l'on imprime son poëme *sur les Jeux de main*, dont j'ai entendu la lecture, on verra, je crois, qu'il était bien loin de la conception féconde et de la riche imagination qui caractérise le chef-d'œuvre du *Lutrin*. Ce petit poëme de M. de Rulhières qui n'a que deux chants, est plein de jolis vers, le détail est finement saisi sur les mœurs. Il est sur-tout remarquable par le talent de peindre poétiquement les petites choses; mais il manque absolument de fond, de plan, d'objet, d'intérêt (j'entends de celui que comportait l'ouvrage); il est dépourvu d'imagination, de variétés, d'épisodes. Il fait voir la distance qu'il y a d'une épître à un poëme, et que le talent qui suffit à l'une, n'est pas celui qu'il faut pour l'autre. On connaît de lui des contes et des épigrammes; on a reproché celle-ci à la malignité de son caractère; mais s'il aimait trop à en faire, il les faisait bien : toutes ces petites pièces qui sûrement seront recueillies, sont d'une égale perfection. Personne n'a été plus propre que lui en poésie à tout ce qui ne demandait pas une longue haleine; il travaillait beaucoup les plus petites choses, mais le travail ne s'y fait pas sentir.

Bon plaisant dans ses vers, il n'était point gai dans la société; il y était même lourd et important. L'un de ses défauts venait de ce qu'il ne pouvait rien être sans travail; l'autre, de ce qu'il aurait voulu être dans le monde plus qu'un homme de lettres, petitesse fort au-dessous d'un homme qui avait autant d'esprit que lui. Il avait commencé à travailler sur la révolution actuelle; je doute que la perte de ce travail soit fort à regretter.

LETTRE CCCII.

Il est certain que la révolution a nui beaucoup et pour long-temps aux lettres et aux arts, qu'elle a donné un mouvement précipité à la corruption du langage et du goût. Les bons ouvrages que la France envoyait encore de temps en temps aux étrangers, et qui rappelaient le bon siècle, deviendront nécessairement plus rares de jour en jour, et l'on voit le torrent du mauvais goût se déborder dans cette prodigieuse multitude de productions de tout genre, où il semble que ce soit un des privilèges de la liberté de ne plus parler français. Le néologisme le plus barbare infecte presque toutes les feuilles, où l'esprit de parti est trop occupé pour faire la moindre attention au style; on voit partout l'ignorance la plus honteuse des premières règles de la langue et du goût, et cette ignorance cesse d'être déshonorante, parce qu'elle est trop générale, et que personne n'y prend garde. Des hommes éloquens ne se sont pas garantis du jargon révolutionnaire, et les écrits politiques de *Mirabeau* (où il y a quelques beautés) en sont la preuve: qu'on juge des autres. En vérité, je ne serais pas surpris que les étrangers qui ont appris notre langue dans les bons auteurs, n'entendissent pas la moitié de ce que l'on écrit aujourd'hui. Heureusement ils n'y perdent pas grand'chose. Le théâtre sur-tout est retombé dans la plus pitoyable barbarie : nous sommes venus en ce genre au dernier degré de la turpitude. La liberté de tout mettre, de tout dire sur la scène, dispense depuis deux ans nos auteurs dramatiques de toute espèce de talent, de la plus légère connaissance de l'art. Ce sont des misères dont il n'est plus question, et pourvu que l'on mette sur la scène des moines, des religieuses, des curés, des évêques, des cardinaux, pourvu que l'on hurle en mauvais vers le mot de liberté, et que l'on dise de grosses injures aux rois, en prose platement ampoulée, cet attrait populaire qui a encore le mérite de la nouveauté, tient lieu de tout et fait tout passer, pour peu de temps, il est vrai; mais les pièces se succèdent si rapidement, et se multiplient si aisément sur douze ou quinze théâtres, qu'il n'y a guères de sottises qui ne puissent vivre une quinzaine de jours, et par conséquent rendre à l'auteur beaucoup plus que l'ouvrage ne vaut.

Les couvens ont d'abord été une grande ressource, et chacun a voulu les mettre sur la scène. J'ai vu jouer aux Italiens les *Rigueurs du Cloître*, en deux actes et en prose, car on va plus vîte encore en se dispensant de faire même de mauvais vers. Une religieuse est convaincue dans cette pièce d'avoir reçu une lettre de son amant, qui sert dans le couvent déguisé en jardinier; elle est condamnée à être renfermée dans un cachot; mais par bonheur pour elle, son amant est dans la garde nationale; il vient *avec ses frères* forcer le couvent au moment où sa maîtresse va descendre dans le caveau. Il l'enlève, et quelques-uns de *ses frères* profitant de l'occasion, amènent avec eux quelques sœurs de la meilleure volonté du monde. Telle est l'intrigue de cette pièce, telles sont aujourd'hui les bienséances théatrales. Le style est à l'avenant; c'est un mélange de platitude et d'enflure.

Mais les *Victimes cloîtrées*, de *Monvel*, jouées à l'ancien théâtre Français, sont vraiment bien autre chose. Tout ce qu'on peut imaginer d'atrocités dégoûtantes et d'invraisemblances absurdes, se trouve réuni dans ce drame monstrueux; un père *Laurent* qui a un sérail, et qui en même temps fait le rôle de Mercure en faveur d'une abbesse d'un couvent voisin; un novice et une religieuse, sa maîtresse, qui se rencontrent dans des cachots souterrains, en abattant à coups de pioche un mur mitoyen, et qui s'embrassent sur les débris, faute de pouvoir faire mieux, sans doute par respect pour les spectateurs : voilà ce qui remplace aujourd'hui *la terreur et la pitié*, ressorts devenus trop communs et trop usés.

Ce n'est pas tout : quelque chose de bien plus commode, c'est de transporter sur le théâtre, les événemens publics tout brandis, sans se soucier s'il y a d'ailleurs rien de théâtral ou de dramatique, et précisément comme on montre aux enfans, dans une lanterne-magique, la lune et le soleil, et le diable qui bat sa femme, etc.

Ainsi, par exemple, on nous a fait une pièce de la mort du jeune *Desilles*, qui fut tué à Nancy en se mettant à la bouche d'un canon, pour empêcher que les Français ne fissent feu les uns sur les autres. Rien de plus héroïque assurément dans une histoire ; mais qu'y a-t-il là-dedans qui ressemble à une pièce ? Des baïonnettes, des uniformes, des canons, des évolutions militaires, des déclamations prétendues nationales, en voilà assez pour le parterre d'aujourd'hui; et cela ne s'intitule ni comédie, ni tragédie, ni drame, ni opéra-comique, cela s'appelle *fait historique*. Eh ! bien, mon ami, suffit-il qu'un fait soit *historique* pour faire le sujet d'une pièce ?

Nous avons eu ensuite *J. J. Rousseau à ses derniers momens*, c'est-à-dire, la mort tranquille d'un philosophe avec toutes les petites circonstances domestiques, et tout le *pathos* des grandes phrases qu'on s'imagine qu'un homme tel que Rousseau devait débiter en mourant. Il est impossible de rien voir de plus ridicule et de plus ennuyeux. Mais qu'importe, pourvu que la foule voie sur la scène, Rousseau philosophant avec M.lle Levasseur et M.me Girardin.

Mais ce qui a fourni à tous les théâtres, c'est la mort de *Mirabeau*. J'ai vu deux *pièces* sur ce sujet, l'une aux Italiens, *Mirabeau aux Champs-Elysées* ; l'autre au *théâtre de Monsieur*, *Mirabeau à ses derniers mo-*

mens. C'est une drôle de chose que ces pièces-là ! Qu'on s'imagine, dans la dernière, Mirabeau, dans son lit, entouré successivement de son médecin *Cabanis*, du docteur *Petit*, du secrétaire *de Comps*, de son ami *Frochot*; joignez-y les visites de M. *de la Marck* et de l'évêque d'Autun, et le peuple assemblé sous les fenêtres, demandant et recevant des nouvelles du mourant, et le mourant qui répète toutes les paroles que Mirabeau a réellement dites pendant les trois jours qu'a duré sa maladie; enfin, tout ce que le rapport imprimé par Cabanis a appris à tout le monde; et c'est-là ce qu'on appelle aujourd'hui une *pièce*; il est vrai qu'on n'a pas vu la seringue et la chaise-percée; on les suppose dans la ruelle, au fond du théâtre.

Il est des objets que l'art judicieux
Doit offrir à l'oreille et reculer des yeux.
BOILEAU.

C'est ainsi que nous observons l'*Art Poétique*.

L'autre pièce sur le même sujet, est une suite de conversations sans objet, sans motif, sans liaison quelconque, entre *Mirabeau*, *Voltaire*, *Rousseau*, *Mably*, *Brutus* et *Frédéric*. Ce qu'il y a de bon, c'est que

Voltaire et *Rousseau* ne disent guères que des platitudes :

Dicere persona scit convenientia cuique. Hor.

A l'égard de *Brutus*, on lui dit tant de bien de Louis XVI, que cela le réconcilie avec les rois. *Frédéric* n'est pas si aisé à convertir ; il défend le pouvoir absolu contre *Mirabeau*, et ne paraît faire aucun cas du gouvernement démocratique. Dans cette scène le dialogue est un peu plus passable que dans les autres ; mais qu'il y a loin encore de ce que cela pouvait être ! Quand il plaît aux personnages de finir la conversation, la toile tombe ; et encore une fois, cela s'appelle des pièces de théâtre !

FIN.

TABLE ALPHABÉTIQUE

DES AUTEURS ET DES MATIÈRES DONT IL EST QUESTION DANS LES SIX VOLUMES.

La lettre a *désigne le premier volume.*
        b   *le deuxième.*
        c   *le troisième.*
        d   *le quatrième.*
        e   *le cinquième.*
        f   *le sixième.*

A.

Abauzit.	b. Page 144
Abdelazis et Zuleïma, tragédie.	f. 80 et suiv.
Abdir, drame de Sauvigny.	d. 291
Abdolonyme, pastorale, par Collet.	a. 334, 335
Abimélech, tragédie, par Audebez.	a. 393, 397
Ablancourt. (d')	b. 105
Abrégé de La Bruyère, par Suard.	c. 308
Abrégé de l'Histoire générale des Voyages, par La Harpe.	c. 74
Abrégé d'Histoire naturelle.	b. 272

TABLE

Académie française. *f.* 42

Adélaïde, ou l'Antipathie contre l'amour, comédie de Dudoyer. *c.* 113

Adélaïde de Hongrie, tragédie de Dorat. *a.* 149; *b.* 14; *c.* 84

Adélaïde du Guesclin, tragédie de Voltaire. *a.* 48

Adèle de Ponthieu, opéra. *a.* 299, 311; *c.* 297

Idem, tragédie de Laplace. *b.* 21

Adèle et Théodore. *c.* 313 *et suiv.*; *e.* 360

Adner et Zulna. *Voyez* Odmar.

Affiches de Province, par Querlon. *a.* 368

Agathocle, tragédie de Voltaire. *b.* 220, 298, 377, 384

Agis, tragédie de Laignelot. *c.* 353; *d.* 16, 28

— Parodie. *d.* 16

Agnès Bernau, tragédie allemande. *d.* 31

Agnès de Chaillot, parodie d'Inez de Castro. *a.* 178

Aguiari, cantatrice italienne. *a.* 258

Ah! quel conte! roman de Crébillon fils. *b.* 12

Aigle et le Hibou, (l') par Cerutti. *d.* 90

Aiguillon. (d') *a.* 136

— (Duchesse d') *c.* 387

Aïssé. (M.lle) *e.* 82 *et suiv.*

A la mémoire de M.me G. (Geoffrin) par Thomas. *b.* 188

Albanèse. *b.* 389

Albert d'Autriche, drame de Leblanc. *a.* 37, 73, 80, 95.

Albert et Emilie, tragédie de Dubuisson. *d.* 322

Albon. (le comte d') d. 217
Alceste, opéra. a. 27, 218, 233, 253, 258, 366, 382, 402, 410; b. 27, 85, 113, 167, 170, 222, 314
Alcindor, opéra. e. 173
Alco. (le président d') b. 180
Alexandre. c. 178
— Dans les Indes, opéra. d. 159, 194
Alexis Commène, tragédie de Voltaire. b. 193, 203
Alexis et Daphné, pastorale. a. 271, 274, 296
— Et Justine, opéra-comique. d. 292
Algarotti. d. 98
Algrain, sculpteur. b. 161
Aline, reine de Golconde, opéra. c. 368
Allard. (M.lle) b. 59
Almanach de Gotha. c. 308
— Des grands hommes. e. 206, 287.
Almanach des Muses (1776). a. 305; (17) b. 52; (1780) c. 50; (1781) e. 197, (1782) d. 56, (1784) 209; (17) e. 57.
Alphée et Zarine, tragédie. e. 181
Alzire. b. 228
Amadis, (abrégé d') par Tressan. c. 152
Amadis et Persée, opéra. b. 45; c. 27, 33, 39
Amans espagnols, comédie. d. 34
Amant bourru, comédie de Monvel. b. 147, 321; d. 150
Amant jaloux, opéra. a. 30
Amant romanesque, comédie de M.me de Montesson. b. 228; d. 328

H..

Amans généreux, comédie de Rochon. b. 369
Ambassadeur de Naples. b. 182, 374; c. 101
Amélie, roman. b. 33
AMELOT. b. 244, 336; c. 124
Aménophis, tragédie de Saurin. c. 289, 329
Ami de la Maison, opéra. b. 71
Ami des Enfans. (l') d. 51
Ami des hommes. (l') a. 170; d. 77
Amis à l'épreuve, comédie. e. 166
Amoureux de quinze ans, opéra; paroles de Laujon.
a 310; b. 172
Amour exilé des cieux, (l') comédie. e. 310
Amour français, (l') comédie. b. 368, 369
— Tyrannique, tragédie de Scudery. d. 227
Amours de Bayard, (les) comédie de Monvel. e. 89,
125
Amphytrion, comédie de Molière. c. 202; e. 185
Amphytrion, opéra. e. 185, 198
Anacréon citoyen, par Dorat. a. 49, 57, 58
ANATHOL. c. 172
Anaximandre, comédie d'Andrieux. d. 51
Andrienne. (l') a. 39
ANDRIEUX. d. 51; e. 156, 285; f. 13 et suiv.
Andromaque, op., paroles de Pitra. b. 256; c. 101,
107, 116
Andronic, tragédie. d. 81
Anecdotes. a. 84, 177, 189, 312; b. 95
Anecdotes dramatiques, 3 vol. a. 304
Anecdotes du règne d'Edouard II, roi d'Angleterre,

par M.me de Tencin. *a.* 346
Anecdotes romaines. *b.* 271
Anecdotes sur la Révolution de Russie en 1762,
    par Rulhières. *a.* 143; *f.* 102
ANGIVILLERS, (le comte d') directeur des bâtimens
    du roi. *e.* 120
Anglais à Bordeaux, comédie de Favart. *a.* 293
Anglomane (l') comédie de Saurin. *a.* 66; *c.* 289
Annales de la vertu. *c.* 182
Annales civiles, politiques et militaires par Linguet.
    c. 25
Annales poétiques. *b.* 272
Anne de Boulen, tragédie de Guibert. *f.* 62
Année littéraire. *a.* 69, 132, 145, 226, 258, 336,
    338, 340, 343; *b.* 50, 51, 55, 423; *c.* 45, 83,
    270
Annette et Lubin, opéra-comique. *a.* 293
Anonyme de Vaugirard. (Suard.) *b.* 117, 184; *c.* 62
ANQUETIL. *c.* 72 et *suiv.*; *d.* 253
ANQUETIL DUPERRON. *c.* 72
Anthologie. *a.* 237
Antigone, opéra. *f.* 18, 19
— Tragédie, par D. du P. *e.* 169
ANTREMONT. (M.me) *b.* 311
Apelle et Campaspe, ballet. *b.* 9
— Comédie. *e.* 214
Apologie des Jésuites, par Cerutti. *d.* 90
Après soupers de société. *d.* 116
A-propos de société et de la folie, par Laujon. *a.* 348

Archevêque d'Aix. *Voyez* Boisgelin.

— De Lyon. *Voyez* Montazet.

Archevêque de Toulouse. *Voyez* Brienne.

Argenson. (d')   b. 124

Argental.   b. 296, 415; e. 83

Ariane tragédie.   b. 337; e. 16

Arioste. (trad. de)   b. 137; c. 152, 153, 207

Aristomène, tragédie de Marmontel.   a. 28

Aristote.   d. 9

Aristote amoureux, comédie vaudeville.   c. 118

Armide, opéra. b. 45, 115, 167, 168, 170, 184, 230, 302; d. 131, 234

Arnaud. (l'abbé) a. 267, 417; b. 42, 74, 84, 102, 150, 151, 152, 153, 374, 393; c. 55, 102, 108, 302, 366; d. 14, 281, 306

Arnaud-Baculard. a. 12, 31, 48, 67, 68, 347; c. 221, 248; e. 179; f. 21

Arnoult. (M.lle)   b. 76; f. 40

Arsacides, (les) tragédie en 6 actes, par Peyraud de Beaussol.   a. 203, 217, 223, 231

Art d'aimer, par Barthe.   e. 10, 24

— Fragmens.   e. 25

Art d'aimer, par Bernard.   a. 285, 378

Art de la comédie, par Cailhava.   b. 21

Artois. (la comtesse d')   a. 64

— (le comte.) c. 385; d. 123, 130; e. 100, 121, 131, 160, 256

Arvire et Evélina, opéra.   e. 178

Arzace et Ismène, par Montesquieu.   d. 196

Asgill, officier anglais. *d.* 293

Aspasie, opéra, paroles de Morel. *e.* 265; *f.* 38

Astarbé, tragédie. *b.* 355

Astyanax, tragédie de Richesolles. *e.* 345

Athalie, tragédie. *e.* 185; *f.* 89

Atrée, tragédie de Crébillon. *b.* 283

Atrée et Thyeste, tragédie de Veisse. *d.* 30

Atys, opéra. *b.* 45, 115, 250, 262, 302; *c.* 55, 66, 101, 191; *d.* 159, 234

Avare cru bienfaisant, com. de Desfaucherets. *d.* 264

Avare fastueux, (l') comédie de Goldoni. *a.* 405

AUBERT, (l'abbé) *a.* 134, 136; *b.* 97; *d.* 126, 129, 188, 260

Aucassin et Nicolette, opéra. *c.* 49, 325

Aveugle de Palmyre, opéra. *a.* 302

Aveugle par crédulité, (l') comédie de Fournel. *b.* 193, 206

Aveux difficiles, comédie de Vigée. *d.* 84

AUGER. (l'abbé) *b.* 24, 34; *c.* 190

AUGER, comédien. *c.* 348

Augusta, tragédie. *e.* 386

Auguste et Théodore. *Voyez* les Deux Pages.

Aulugelle. (trad. d') *a.* 409

AUTEL. (D') *c.* 172

Autorité de l'usage sur la langue, (de l') *e.* 19

Azémia, opéra, paroles de Lachabeaussière. *c.* 173

Azémire, tragédie de Chénier. *e.* 214, 257

Azolan, opéra de Lemonnier; musique de Floquet. *a.* 24, 35, 39

B.

Babillard, par Rutlidge. e. 7
Bacchante; (la) tableau de M.me Lebrun. e. 30
BACHAUMONT. e. 141
Back, musicien. e. 27, 33; d. 86
BACULARD. *Voyez* ARNAUD.
Bagatelles morales. d. 47
BAILLY. b. 72, 322; c. 214, 312; d. 185, 186, 212, 272; e. 126 *et suiv.* 341
Baiser, ou la Bonne Fée, comédie de Florian. d. 42
Bajazet, tragédie de Racine. b. 401
BALETTI, (M.lle) cantatrice. e. 266; f. 94
BALZE, auteur de Coriolan. a. 397
BANCKS, voyageur anglais. c. 75
BAPTISTE l'aîné, comédien. f. 94
BARATINSKI, (le prince de) a. 146; b. 269; c. 367
BARATINSKI, (M.me de) a. 60, 117
Barbe bleue, opéra. *Voyez* Raoul.
Barbier de Séville, comédie. a. 86, 95, 99, 225; b. 122; c. 349; e. 8
— Opéra. e. 9
BAREITH. (la margrave de) c. 136
BARENTIN, avocat-général. a. 126
Barmécides (les), tragédie de La Harpe. a. 117; b. 245, 261, 269; d. 126.
Barnevelt, tragédie de Lemierre. c. 197; d. 161; f. 4, 41 *et suiv.* 67
— De Lillo. f. 87

BARRÉ. c. 154, 242; d. 116, 153
BARTHE. b. 186, 206, 209; c. 283, 284; e. 9 et suiv., 24
BARTHELEMY. (l'abbé) e. 348, 373, 379
BARTHEZ, médecin. d. 173
Bataille d'Ivry, comédie de Durosoy. b. 347
Battus paient l'amende. (les) *Voyez* Jeannot.
BAUDEAU. (l'abbé) a. 187, 195, 332; b. 251; c. 302
BAUMONT. (M.me Elie de) a. 347
BEAUHARNAIS. (M.me Fanny) c. 99, 319; e. 169
BEAULATON, trad. de Milton. b. 305
BEAULIEU, comédien. f. 31
BEAUMARCHAIS. a. 47 et suiv. 74, 225; b. 122; c. 36, 124, 183; d. 105, 122, 130, 165, 227, 231, 251, 262, 309; e. 8, 166, 170, 188 et suiv. 192 et suiv. 271, 290 et suiv. 306, 354; f. 13, 93
BEAUMESNIL, (M.lle) actrice. b. 46
BEAUMONT. d. 125
— Archevêque de Paris. d. 250
BEAUNOIR. (M.me) d. 261; e. 13
BEAUVAIS, évêque de Senez. a. 369; c. 267
BEAUVAU. (le prince de) b. 151, 204
— (la princesse.) c. 293
Beaux-arts réduits à un seul principe, par Le Batteux. c. 110
BEAUZÉE. d. 198; e. 202, 348, 373, 379
BECCARIA, traduit par A. Morellet. a. 182; c. 189; d. 332
BEFFROY-REGNY. f. 95

Begueule, (la) conte de Voltaire. *a.* 244
Belin, auteur dramatique. *b.* 205; *e.* 17
Bélisaire de Marmontel. *a* 30, 196; *c.* 224
— Tableau de David. *e.* 29
— de Vandeck. *e.* 29
Belle Arsène, (la) opéra de Favart. *a.* 244, 257
Bellecourt, comedien. *b.* 207, 308, 309
— Mme *d.* 321
Belle-Mère, (la) comédie de Vigée. *e.* 184
Bérénice, tragédie de Racine. *b.* 236
Bergasse, avocat. *e.* 189, 290, 306
Bergier. *a.* 37
Berlingue, parodie d'Ernelinde. *b.* 183
Bernard. (Gentil) *a.* 285, 378
Bernardin-Saint-Pierre. *f.* 78
Bernis. *c.* 226, 230 *et suiv.*
Berquin. *a.* 125, 187; *b.* 3, 251, 333; *d.* 51, 218
Bertrand d'Airolles. *a.* 310
Berwick. (le maréchal de) *b.* 289
Béthune. (la comtesse de) *a.* 81, 102
Béverley. *a.* 66; *c.* 289, 330.
Bianchi. *d.* 2
Bibliothèque de campagne. *b.* 125
— Des Dames. *e.* 14
— Des Théâtres. *e.* 14
Bienfait anonyme, comédie. *d.* 153
Bièvre. *a.* 84; *b.* 129; *d.* 160, 165; *e.* 74
Bignon. (l'abbé) *b.* 124
Bijoux indiscrets, (les) roman de Diderot. *a.* 189, 190

Bitaubé. c. 109, d. 326
Blaise, opéra. b. 128
Blaise et Babet, opéra. d. 134, 160
Blanchard, aëronaute. c. 355, d. 327
Blanche de Bourbon, tragédie de Bordes. d. 95
Blanche et Guiscard, tragédie. a. 66; c. 290, 329
Bléton. c. 356
Blondel, chirurgien. c. 178
Blondin, coureur. b. 95
Boileau. *Voyez* Despréaux.
Boileau. (l'abbé) b. 42
Boisard. b. 97
Boisgelin, Archevêque d'Aix. a. 290, 303, 329; d. 141
Boismont. (l'abbé de) a. 168, c. 245, 246, 343, 385; d. 310; e. 98, 219
Boissière. (l'abbé de la) e. 133
Boissy. c. 285; e. 125; f. 82
Bolingbrok. b. 289
Bon ami, (le) comédie de Legrand. c. 169
Bonamici, auteur Italien. a. 171
Bonnard. (le chevalier de) b. 54, 362; c. 276
Bonne femme, (la) parodie d'Alceste. a. 402
— Fille, opéra. c. 242
Bonneval, intendant des menus. a. 410
Bonneval. (le comte de) c. 203
Bonneville. f. 46 et suiv.
Bordeaux, dragon. a. 15
Bordes de Lyon. a. 208; d. 95

Bordeu, médecin. a. 303
Bossuet. b. 196; d. 53; e. 52
Bossut. (l'abbé) a. 267
Bouche de fer. (la) f. 46
Boufflers. (la marquise de) b. 265; c. 51, 221, 279 et suiv., 305, 306
Boufflers. (la comtesse) b. 226
Boufflers. (le chevalier de) a. 54, 61, 316; b. 85, 344; c. 274 et suiv.; d. 58, 84, 87, 218; e. 178, 187, 311, 331, 373, 380
Bougainville. c. 75
Bourbon. (le duc de) b. 222
Bourdaloue. b. 265
Bouret, fermier-général. b. 92
Bourette, comédien. d. 150
Bourgeois du jour, comédie de Rutlidge. c. 1
Bourlet de Vauxcelles. a. 370
Bourzeis. (l'abbé) c. 9
Brames. (les) trag. de La Harpe. d. 146, 153, 187
Breboeuf. b. 305, 337
Bret. a. 136; b. 253; e. 13
Breteuil. d. 197; e. 190
Bridaine. d. 105
Brienne, Archevêque de Toulouse. d. 307, 329
Brionne. (M.me de) a. 168
Briséis. Tragédie. e. 173
Briséis enlevée de la tente d'Achille. Tableau. c. 271
Brissot de Varville. e. 215
Britannicus, tragédie. e. 16

BRISART, comédien. *a.* 193; *b.* 25, 40, 377; *c.* 326;
d. 146, 187; *e.* 204
BROGLIE. (le comte DE) *b.* 422
BROGLIE. (Maréchal DE) *b.* 293, 388
BROSSES. (le président des) *b.* 88
Brouette du Vinaigrier. Drame de Mercier. *a.* 125
BRULART. (Mme) *Voyez* Genlis.
BRUNSWICK, (Léopold duc de) qui a péri dans l'Oder.
e. 131, 250
BRYDONNE. *e.* 112
BUFFON. *a.* 61, 165, 169, 351; *b.* 108, 300; *c.* 320;
337, 366; *d.* 60, 186, 248; *e.* 158, 178, 269, 322
Buona Figliola, opéra. *b.* 322
BUQUET. *b.* 251
Bureau d'esprit, (le) comédie de Rutlidge. *b.* 30; *c.* 1
BURNET. (Miss) *d.* 221; *e.* 182
BYRON, voyageur anglais. *c.* 75

C.

CABANIS. *f.* 110
CADET, apothicaire. *b.* 201, 307
Cadi dupé, (le) opéra de Lemonnier. *a.* 36
CAFFIAUX, (dom) Bénédictin. *b.* 183
CAHUSAC. *d.* 217
CAILHAVA. *a.* 405; *b.* 20, 117, 121, 183, 209; *c.* 189,
284; *d.* 217; *e.* 166
CAILLEAU, acteur. *a.* 218; *b.* 71
Calas, drame par Laya. *f.* 1, 2
— Par Lemierre d'Argy. *f.* 1

Calas, ou l'École des Juges, par Chénier. *f.* 87 *et suiv.*
CALBASSE, marinier. *d.* 141
CALDERON. *d.* 122; *e.* 349
Caliste, tragédie de Colardeau. *b.* 355
CALONNE. *e.* 188, 336, 388
Son portrait par Mme Lebrun. *e.* 30
CALPRENEDE. *c.* 273
CALSABIGI. *a.* 358
CAMBINI, compositeur Italien. *a.* 403, 410; *b.* 369
CAMBIS. (Mme DE) *b.* 120
Camille, ou le Souterrain, opéra. *e.* 360
Campagnes de Maillebois, 3 vol. *in*-4.°, publiées par Pezay. *a.* 171
CAMPISTRON. *d.* 81, 216
CANDEILLE, musicien. *d.* 323
CANDEILLE. (Mlle Julie) *e.* 34
Candide, de Voltaire. *a.* 390
CAPPERONNIER. *a.* 179
Caprices de Galathée, (les) ballet pantomime, *b.* 28, *c.* 116
Capucins, (les) pièce du Cousin Jacques. *f.* 95
Caractacus, tragédie anglaise. *e.* 178
Caravane du Caire, opéra. *d.* 146, 194, 207
CARIBALDI, chanteur. *b.* 249, 262
CARLIN, acteur. *b.* 221
CARRACCIOLI. *a.* 124, 305; *b.* 66, 232
CARTERET, voyageur. *c.* 75
CARTOUCHE. *d.* 119
Cassandre Mécanicien, vaudeville. *d.* 156

Cassandre Oculiste, vaudeville. *c.* 116, 118
Castor, opéra de Bernard. *a.* 287, 297; *b.* 103;
302, 303, 304, 335
Catéchumène, (le) par Bordes. *d.* 98
Catherine II. *c.* 25
Catilina, tragédie de Crébillon. *b.* 282, 284, 285
Catinat. (statue de) *c.* 272
Caton d'Utique. *e.* 52
Catuelan, trad. de Shakespeare. *b.* 278
Catulle, trad. par Pezay. *a.* 175
Cavailhon. *b.* 137
Caux. (de) *e.* 345
Caylus. *b.* 125
Cazeaux. *c.* 173, et suiv.
Cazotte. *a.* 387
Cécile, danseuse. *b.* 29
Cécilia. *d.* 219; *e.* 182
Célibataire, comédie de Dorat. *a.* 244, 254, 261,
271, 290; *b.* 14; *c.* 85, *d.* 49
Céphale et Procris, opéra, paroles de Marmontel,
musique de Grétry. *a.* 136, 149, 175, 382;
b. 113, 115, 255; *c.* 107
Céphise, comédie de Marsollier. *d.* 83
Céramis, tragédie de Lemierre. *e.* 12, 135
Cérutti. *d.* 90, 224
Cervantes. *d.* 191; *e.* 210
Chabanon. *a.* 74; *b.* 65, 124; *c.* 36, 48, 90; *e.* 307
Chabanon de Maugris, frère du précédent. *a.* 272,
274

CHABRIT. *d.* 194, 218
CHAMPCENETS. *d.* 296; *e.* 157
CHAMPFORT. *a* 404, 409; *b.* 15, 57, 124, 183, 205; *c.* 102, 214, 215, 259; *d.* 210; *e.* 17; *f.* 100
CHAMPION DE MILON. *b.* 66
Chansons. *Voyez* couplets.
Chant du Barde, par Fontanes. *d.* 57
CHAPELAIN. *b.* 338, 339; *c.* 361, 400
CHARLES, aéronaute. *d.* 189
Charles IX, tragédie. *e.* 356, 392
CHARNOIS. (DE) *d.* 47
CHARON, maître d'école. *d.* 141
CHARPENTIER, trad. de Xénophon. *b.* 105
CHARRIER. (M.me) *e.* 208
CHARTRES. (duc de) *c.* 8, 78, 246, 313
CHARTRES (duchesse de) *b.* 237, 358; *c.* 77
Chartreuse, (la) par Fontanes. *d.* 57
Chasse, (la) opéra de Desfontaines, musique de Saint-Georges. *b.* 302
CHATEAUBRUN. *a.* 105, 127, 376; *d.* 155
Châteaux en Espagne, (les) comédie. *e.* 344, 367, *f.* 37
CHATELET. (marquise de) *b.* 6; *c.* 144, 280, 294
CHATELUX. (le chevalier de) *a.* 34, 53, 127, 164, 168, 169; *b.* 153, 200; *d.* 233; *e.* 18, 80, 176, 215, 310
CHAULIEU. *c.* 277
CHAUMEIX. (Abraham) *d.* 329

CHÉNIER. (M. J.) e. 24, 134, 214, 257, 287, 356, 392; f. 31, 87

CHERIFALCO. (duchesse de) e. 360

CHÉRUBINI. e. 347

Chevalier de Grammont, (le) comédie de Dorat. a. 203; b. 39, 137; c. 87

CHIAVACI, chanteuse. b. 249; 262

Chimène, opéra. d. 145, 207; e. 24

Chinki. d. 48

CHOISEUL. (duc de) a. 54, 60, 133, 168, 234, 293; c. 375, d. 105

CHOISEUIL-GOUFFIER. (comte DE) d. 185, 212, 239

Choix de tableaux, extrait des papiers anglais, par Berquin. a. 125

Chou, (le) épître en vers. d. 3

Chronique de Paris. f. 42, 45

CICÉRON. c. 379; e. 52, 122

Cid, (le) opéra. *Voyez* Chimène.

Cimbeline, tragédie de Shakespeare. b. 278

CLAIRON, (M.lle) actrice. a. 110, 254, 361, 394; b. 301, 373; c. 2, 4; d. 135, 155; e. 136

CLAIRVAL, acteur. a. 219, 270

Clélie, roman. e. 201

Clémence d'Auguste, tableau de Vincent. e. 117

CLÉMENT, (Jean-Marie-Bernard) de Dijon. a. 135; b. 40, 50, 218, 251, 323, 337; d. 126

Clémentine et Désormes, drame. c. 162

Cléopâtre, tragédie de Marmontel. d. 264

Cloé et le Papillon, fables de Bordes. d. 96

Clot. (M.me) c. 373
Code des Gentoux. b. 245
Code égyptien. c. 273
Coetlosquet, (de) évêque de Limoges. d. 217, 238
Cœur, (le) par Boufflers. c. 275
Coignet, auteur de la musique de Pygmalion. a. 282
Colardeau. a. 227, 236, 331, 353, 371, 393;
b. 306, 354; c. 252
Colbert. c. 187
Colinette à la cour, opéra. c. 324; d. 45
Collé, cousin de Regnard. a. 24, 33, 50, 348; c. 26
Collection de Classiques latins et français. d. 103
Collet de Versailles, auteur dramatique. a. 334
Collin-Harleville. c. 129; e. 175, 283, 344, 367
Collot-d'Herbois. e. 349, 350; f. 76
Colombe, (M.lle) comédienne. a. 256
Colonie, (la) opéra. a. 256, 290, 299, 312, 360; b. 9
Combat de Mars contre Minerve, tableau. c. 271
Comédiens Français. c. 124
Commentaire historique sur l'Auteur de la Henriade.
b. 18
Commentaires sur la Henriade. a. 228, 238, 243
Commentaires sur le code criminel d'Angleterre, de
Blakstone, b. 24
Commerce et le Gouvernement, (le) par Condillac.
a. 335, 344
Complainte des Barmécides. b. 269
Comps. (M. de) f. 110
Compte rendu au roi par M. Necker. c. 204, 235

Comte de Comminges, roman de M.me de Tencin.
a. 347; *f.* 21

Idem. Drame d'Arnaud. *a.* 68, 347; *f.* 21

Comte d'Albert, (le) opéra de Sédaine. *e.* 138

Comtesse de Chazelle, comédie. *d.* 322, 327

Concert des amateurs. *a.* 73

Conciliateur, (le) ou l'homme aimable, comédie de Demoustier. *f.* 97

CONDÉ. (le prince DE) *e.* 131

CONDILLAC. (l'abbé DE) *a.* 335, 344; *c.* 120, 154; *d.* 60, 260

CONDORCET. *a.* 148, 150, 159, 176, 187, 195, 297, 415; *b.* 30, 142, 230, 252, 296; *c.* 187, 302, 303, 312, 329, 336; *d.* 176, 179, 186, 212; *e.* 78, 101, 372

Connétable de Bourbon, tragédie de Guibert. *a.* 144, 233, 247, 317; *d.* 81; *e.* 15; *f.* 60

Confessions de J. J. Rousseau. *c.* 347, 372 *et suiv.*; *d.* 206

Considérations sur les mœurs. *d.* 161

Constantin, roi d'Écosse. *d.* 80

CONTAT, (M.lle) comédienne. *a.* 333; *d.* 151, 231; 315; *e.* 285

Contes d'Imbert. *c.* 222

Contes moraux de Marmontel. *a.* 30; *d.* 248

Contes Turcs et Arabes, par Digeon. *c.* 273

Comtesse de Givri, opéra. *d.* 1

CONTI. (le prince DE) *c.* 282, 377

Contrat social, par J. J. Rousseau. *a.* 213

I..

Conversations d'Emilie. *a.* 123; *d.* 63, 247
— Entre une mère et sa fille, par Mme d'Epinay. *Voyez* l'article précédent.
Cook, ou Koock. *b.* 330; *c.* 75
Coqueley de Chaussepierre. *d.* 84
Coquette corrigée, de Lanoue. *d.* 315
Coquette fixée, de Voisenon. *c.* 322
Coriolan, tragédie de Balze. *a.* 393, 397
— De Gudin. *a.* 404, 410
— De La Harpe. *d.* 18, 214, 219, 231; *e.* 185
— De Shakespear. *b.* 278, 279
Corneille. (P.) *a.* 232, 346, 376, 417; *b.* 134, 180, 196, 392; *d.* 146, 207
— (Thomas). *d.* 262
Cornuel. (Mme de) *b.* 385
Cosroès, tragédie de Lefèvre. *b.* 13
Coupain, (Mlle) *Voyez* Desperrières.
Coup-d'œil sur la littérature, par Dorat. *c.* 70
Couplets anonymes. *a.* 400; *b.* 91, 184, 280, 287, 363; *c.* 31, 141; *d.* 35, 46, 136, 207, 308, 319; *e.* 113, 302
— D'Antremont. *b.* 311
— Bernis. *c.* 231
— de Boufflers. *a.* 54, 316, 317; *c.* 277, 278; *d.* 84
— de Mme de Boufflers. *c.* 145, 281
— Champcenets. *d.* 297
— Chatellux. *b.* 200
— Coué. *c.* 29
— Genlis. (le comte) *b.* 397

Couplets de Laclos. *b.* 48
— La Harpe. *a.* 55, 56; *b.* 120, 198; *c.* 218; *d.* 162
— de Marmontel. *b.* 120, 138, 207; *c.* 5, 102
— Murville. *b.* 258
— Narbonne. *a.* 318
— Nivernois. *a.* 221; *b.* 77; *e.* 115
— Rulhières. *a.* 50, 91
— Saint-Lambert. *b.* 197
— Saurin. *a.* 51
— M.me *c.* 212
— Sedaine. *a.* 47
— Ségur. *c.* 305; *d.* 92, 157
— Tressan. *c.* 295
— Voltaire. *b.* 301
COURNAND. (l'abbé de) *c.* 230
Courrier de l'Europe. *b.* 46
Cours de Belles-Lettres, par Le Batteux. *c.* 110
Courses de chevaux. *a.* 109
COURT DE GÉBELIN. *c.* 69; *d.* 232
Courtisannes, (les) comédie de Palissot. *a.* 130; *c.* 397
COUSIN-JACQUES. (le) *Voyez* BEFFROY-REGNY.
COUSTOU. *b.* 108
Couvent, (le) ou les Fruits de l'Éducation, de Laujon. *f.* 65
COYER. (l'abbé) *b.* 24; *d.* 47
COXE. *c.* 295
CRÉBILLON, fils. *a.* 190; *b.* 9, 10 *et suiv.* 17, 89, 237; *c.* 339

Crébillon, père. *a.* 69, 143; *b.* 10, 135, 237, 283; 316; *c.* 81, 82, 272, 323

Crevecoeur. *d.* 278

Crévier. *b.* 223

Cubières. (C***) chevalier de *a.* 405; *b.* 15; *c.* 99, 125, 252, 293; *e.* 65, 169, 184, 287

Cubières. (marquis de) *e.* 65

Cury, intendant des menus. *a.* 29

Cyropédie, (la) de Xénophon, trad. par Charpentier. *b.* 105

Idem, traduite par Dassier. *b.* 105

Cyrus, roman. *e.* 201

D.

D'Aguesseau de Fresne, avocat général. *c.* 76, 121

─────── (Mme) *e.* 343

D'Alembert. *a.* 105, 165, 190, 211, 226, 330, 378, 385, 388, 399, 417; *b.* 5, 14, 30, 81, 106, 153, 164, 178, 189, 195, 252, 281, 284, 296, 299, 300, 311, 328, 340, 365, 377, 392, 420; *c.* 11, 25, 101, 261, 312, 313, 335, 366, 383; *d.* 14, 15, 161, 172, 173, 185, 213; *e.* 132, 315

Daleyrac, musicien. *e.* 173

Dalinval. *d.* 45

Damade. *b.* 361

Damas. (la comtesse de) *c.* 343

Dame Jeanne, parodie de Jeanne de Naples. *d.* 129

Dampierre, auteur. *d.* 147

Danaïdes, opéra. *d.* 198, 234; *e.* 97
DANCHET. *d.* 333
DANCOURT. *d.* 114
Dangers de l'opinion, comédie. *f.* 2
DANGEVILLE, (Mlle) comédienne. *a.* 394
DANGEVILLE, comédien. *d.* 151
DANTE, (trad. du) par Moutonnet. *b.* 5
DANTE. *b.* 279, 316
Dardanus, opéra. *d.* 265; *e.* 23
DASSIER. *b.* 105; *d.* 103
DAUBENTON. *b.* 251
DAUBERVAL. *b.* 54, 337; *c.* 160
DAVID, peintre. *e.* 29, 116
DAUVERGNE. *c.* 102
DAYDIE. (le chevalier) *e.* 82
DAZINCOURT. *d.* 231
DE BELLOY. (BUIRETTE) *a.* 106, 109, 373, 404;
    b. 44, 135, 376; *c.* 112
Dédit, (le) comédie. *d.* 84; *e.* 90
Déclamation théatrale, poëme de Dorat. *c.* 88
Défense de mon oncle, brochure de Voltaire. *b.* 223
D'ÉGLANTINE. *Voyez* FABRE.
DEHORNE, médecin. *a.* 50
De l'administration des finances de la France, par
    Necker. *d.* 284
De la Force publique, par Guibert. *f.* 63
De la Jalousie, par Leroi. *c.* 320
De la Manière d'écrire l'histoire, par Mably. *d.* 60
De la Monarchie française, ou de ses lois, par

Chabrit. d. 194.
De la Passion du jeu, par Dussault. b. 413
De l'Education des collèges. *Voyez* Education.
DELILLE. (l'abbé Jacques) *a.* 104, 116, 137, 167;
245, 408; *c.* 195, 200, 230 *et suiv.*, 388 *et suiv.*;
d. 2, 213; *e.* 27, 90, 92, 135, 207, 376
De l'importance des opinions religieuses. *e.* 187
DE L'ISLE DE SALLES. *Voyez* SALLES.
DEMEUNIER. *b.* 143
Démophoon, opéra. *e.* 347; *f.* 18
DÉMOSTHÈNE. *a.* 391; *b.* 24, 34; *e.* 122
DEMOUSTIER. *f.* 97
DENIS. (M.me) *b.* 203, 210, 247; *c.* 138; *d.* 105, 147
Denis le tyran, tragédie de Marmontel. *a.* 28
De Religione Persarum, par Hyde. *b.* 246
DERIAUX. *e.* 353
Des Académies, par Champfort. *f.* 100
DESCARS. (M.me) *d.* 162
Des causes de l'universalité de la langue Française,
par Rivarol. *d.* 260
Déserteur, opéra. *e.* 366
DESESSARTS. *b.* 276
——— Comédien. *c.* 169
DESFAUCHERAIS, ou DESFAUCHERETS. *d.* 264; *e.* 204
DESFONTAINES. (l'abbé) *a.* 338; *b.* 23; *c.* 248; *d.* 106
DESFONTAINES, auteur dramatique. *b.* 302; *c.* 169;
d. 83, 112, 194; *e.* 92, 154
DESFORGES, auteur et acteur. *d.* 37, 140, 314; *e.* 213
et suiv.; *f.* 20

Desgarcins. (M.lle) e. 181; f. 12, 36
Desgodets. c. 171
Desilles, officier français. f. 2, 3, 108
Des Lettres de cachet et des Prisons d'Etat, par Mirabeau. d. 77
Des Loteries, par Talleyrand Périgord. f. 52
Deslon, élève de Mesmer. d. 233, 271
Desmarets. c. 205
Desperrières. (M.lle) b. 35, 39
Desperoux de la Rochelle. e. 59
Despréaux. a. 393; b. 344; c. 310, 323, 333, 400; d. 6, 9, 44, 155; e. 343
Desrues. b. 100, 110, 135
Destouches. (Néricault) c. 34, 285; d. 1; e. 175
Destouches, père de d'Alembert. d. 175
Deucalion et Pyrrha, comédie de Sainte-Foix. b. 54
Devienne, comédienne. d. 321
Devin de village, opéra de J. J. Rousseau. a. 210; b. 59, 60, 370
Devismes. b. 176, 250, 336
Deux amis, drame de Beaumarchais. a. 11; e. 8
Deux Amis, ou le Faux Vieillard, comédie de Durosoi. b. 347
Deux Amis Rivaux, comédie de Forgeot, d. 45
Deux Billets, (les) comédie de Florian. b. 335; c. 168
Deux Comtesses, (les) opéra. b. 261
Deux Figaros, (les) comédie. f. 13
Deux Frères, comédie. d. 317, 322

Deux Jumeaux de Bergame. *Voyez* Jumeaux.

Deux Nicodèmes, pièce du Cousin-Jacques. *f.* 95

Deux Nièces, (les) comédie de Boissy, en cinq actes, réduite en trois, par Monvel. *e.* 125

Deux Oncles. (les) *d.* 45

Deux Pages, (les) ou Auguste et Théodore, comédie. *e.* 265, 370

Deux Petits Savoyards, opéra. *e.* 346

Dezaides, ou Dezède, musicien. *b.* 117, 245; *d.* 115, 134, 292; *e.* 173, 371

Diable amoureux, (le) conte de Cazotte. *a.* 389

Dialogues de l'abbé Gagliani. *a.* 345

Dialogue entre Diogène et Aristippe, sur la Flatterie, par Condorcet. *a.* 150

Diane (statue de) de Houdon. *c.* 272

Dictionnaire de la Bible. *b.* 5

— De la Police. *e.* 121

Dictionnaire Dramatique. *a.* 409

— Du Commerce, par Morellet. *d.* 330

Diderot. *a.* 18, 32, 39, 43, 132, 188, 208; *b.* 164, 235, 327, 417; *c.* 347, 348, 383; *d.* 160, 275

Didon, opéra. *d.* 145, 160, 181, 187, 194, 198, 207, 235; *e.* 1, 2, 24

Didon, tragédie. *b.* 337; *c.* 2; *d.* 181, 202, 293

Didot, imprimeur. *c.* 189, 348; *d.* 103

Digeon. *c.* 273, 302

Dionis. (M.lle) *b.* 207

Discipline militaire du Nord, drame en quatre actes, par Friedel et Moline. *c.* 298

Discours de réception à l'Académie française. *Voyez* Réception.

Discours au roi par la cour des aides. *a*. 33

Discours en vers sur le desir de l'immortalité, par Marmontel. *b*. 345

— A l'occasion de l'assemblée des Notables, en 1787, par Lebrun. *e*. 134

Discours préliminaire de l'Encyclopédie. *b*. 284

— Sur la charité, par l'abbé de la Boissière. *e*. 133

— Sur la romance, par Berquin. *b*. 3

— Sur le préjugé des peines infamantes (couronné par l'académie de Metz.) *d*. 324, *e*. 130

— Sur les avantages et les désavantages qui résultent pour l'Europe de la découverte de l'Amérique, par de Chatelux. Objet de prix proposé par Raynal. *e*. 176

Discours sur les sciences, par J. J. Rousseau. *a*. 207;

— Sur l'état des lettres en Europe, depuis Auguste jusqu'à Louis XIV, par La Harpe. *e*. 376

— Sur l'origine et les fondemens de l'inégalité, etc. par J. J. Rousseau. *a*. 209; *c*. 384

— Sur Shakespeare et sur M. de Voltaire, brochure, par Baretti. *b*. 179

Disputes, (les) satire, par Rulhières. *e*. 126

Dissertation sur le règne et la politique de Louis XI. *e*. 374; *f*. 44

Dissipateur, (le) comédie. *b*. 310

Dithyrambe aux mânes de Voltaire. *b*. 402, 415, 419

Dix-huitième siècle, (le) satire, par Gilbert. *a.* 226; 235

Docteurs modernes, (les) farce. *d.* 266
Doigny. *c.* 197; *e.* 169
Doligny, (M.lle) comédienne. *c.* 114; *d.* 151, 170
Dom Carlos, nouvelle historique, par Saint-Réal. *a.* 31
Dom Pèdre, tragédie de Voltaire. *a.* 91
Dorat. *a.* 49, 57, 149, 203, 244, 254, 261, 271, 290, 307, 343, 379, 393, 405; *b.* 13; 27, 36, 47, 52, 53, 55, 62, 66, 73, 80, 86, 97, 121, 251, 252, 308, 316, 323; *c.* 1, 11, 15, 19, 39, 49, 70, 80, *et suiv.* 99, 117, 125, 252, 293; *d.* 49, 56, 88, 211
Dorfeuille. *d.* 83, *f.* 30
Dormeur éveillé, (le) opéra. *d.* 145, 187
Dorvigny. *b.* 412; *c.* 49
Dot, (la) opéra. *e.* 94
Double Extravagance, (la) comédie de Bret. *b.* 253
Doublet. (M.me) *e.* 142
Doyen, peintre. *b.* 158; *c.* 271; *e.* 118
Dozon, (M.lle) comédienne. *d.* 321
Dramomane, (le) comédie de Cubières. *a.* 405; *b.* 15
Droit du Seigneur, (le) ou l'Ecueil du Sage, comédie de Voltaire. *b.* 298, 384, 399
— Opéra de Desfontaines. *d.* 194
Drouin, (M.me) actrice. *c.* 72
Druides, (les) tragédie de Leblanc. *a.* 37, 250

DuboocaGE. (M.me)　　　　　　　　a. 407, c. 138
Dubois, auteur de l'histoire secrète.　　a. 408
Dubreuil, médecin.　　　　　　　　　b. 369
Dubuisson.　　c. 131, 148; d. 49, 322; e. 79
Duché.　　　　　　　　　　　　　　　b. 262
Ducis. b. 279, 314, 316, 319, 325, 342; c. 199;
　d. 51, 66, 105, 112, 141, 146, 192, 214; e. 10,
　　　　　　　　　　　　　　155; f. 40, 67
Duclos.　b. 124, 260; c. 203, 383; d. 161, 180
Dudeffant. (M.me) a. 384, 388; b. 138, 197, 198;
　　　　　　　　　　　　　　　c. 5, 6, 144
Dudoyer.　　　　　　　　　　e. 113; d. 152
Duel comique, opéra.　　　　　　　　　b. 9
Dufresnoy. (M.me)　　　　　　　　　e. 310
Dufresny.　　　　　　　　　　　　e. 10, 90
Dugazon.　　　　　　　　c. 206; f. 12, 30
— M.me c. 326; d. 134, 160, 194, 292; e. 139,
　　　　　　173, 179, 352, 357, 360; f. 37
— M.lle　　　　　　　　　　　　　　d. 321
Duhalde. (le P.)　　　　　　　　　　a. 413
Dujonquay.　　　　　　　　　　　　　a. 2
Dumesnil, comédienne.　a. 361; b. 291, 373, c. 2
Dumoustier. Voyez Demoustier.
Dunciade, (la) par Palissot.　　a. 133, 391; b. 34
Duni, musicien.　　　　　　　　a. 210; b. 152
Dupaty.　　e. 76, 105, 122, 123, 171, 172
Duplan, (M.lle) chanteuse.　　　　　　b. 336
Duplessis, peintre.　　　　　　a. 266; b. 161
Dupré de Saint-Maur.　　　　　　　　a. 133

Dupuy. *d.* 104

Durancy, (M.lle) actrice. *b.* 40

Duras. (le maréchal de) *a.* 127, 164, 169; *b.* 106, 121, 281, 415; *c.* 48; *f.* 100

Dureau de la Malle. *a.* 327, 348

Duroulet. (le Bailly) *a.* 358, 382; *d.* 146

Durozoy. *Voyez* Rozoy.

Duruflé. *a.* 229, 259

Dusaulx. *b.* 413

Dussieux. *b.* 161, *c.* 125

Dutheil. *d.* 204

Duverney. (l'abbé) *e.* 70

Duverney. (Paris) *a.* 8

Duvivier. (M.me) *Voyez* Denis.

E.

Ecueil des Mœurs. *Voyez* Courtisannes.

Echo et Narcisse, pastorale; paroles de Tschudi, musique de Gluck. *c.* 119

Eclaircissemens historiques sur les causes de la révocation de l'édit de Nantes, et sur l'état des protestans en France, par Rulhières. *e.* 176; *f.* 102

Ecole amoureuse, (l') comédie de Bret. *b.* 253

— Des Bourgeois. *d.* 45

Ecole des Maris. (l') *c.* 286

Ecole des Mœurs, (l') comédie de Fenouillot de F. *a.* 354, 364

— Des Pères, (l') comédie. *e.* 165

Ecole des Pères, (l') roman de Rétif. *a*. 392, 395

Economies royales de Sully, (l') édit. de Baudeau.
a. 323

Ecossaise, (l') comédie de Voltaire. *a*. 341, 343;
c. 84

Edgard, drame de Chénier. *e*. 24

Edition de Voltaire. *b*. 296; *c*. 188; *d*. 105

Education des collèges, par Philipon-la-Madelaine.
d. 195, 218

Education du Peuple. *Voyez* Vues patriotiques.

Egaremens de l'amour, comédie d'Imbert. *a*. 411

Egaremens du cœur et de l'esprit, roman de Crébillon fils. *b*. 10, 89

Eglé, pastorale, par Laujon. *b*. 172

Egoïsme, (l') comédie de Cailhava. *a*. 405; *b*. 20, 117, 121, 183, 209

Egyptus, tragédie de Marmontel. *d*. 148

Electre, tragédie de Crébillon. *b*. 10, 40, 282;
d. 317

— De Guillard. *c*. 398

— de Rochefort. *c*. 354; *d*. 317

— De Voltaire. *d*. 317

ELIE DE BAUMONT. *Voyez* BEAUMONT.

Elisabeth de France, tragédie de Lefevre. *d*. 80
et suiv.

Eloges, (Recueil d') par d'Alembert. *b*. 328

Eloges des Académies, par Fontenelle. *c*. 263

Eloge de Berwick, pat Montesquieu. *b*. 289

— de Bossuet, par d'Alembert. *a*. 165; *b*. 328

Eloge de Catinat, par Guibert. *a.* 144, 229, 233, 246, 337; *b.* 155, 368; *e.* 14; *f.* 61

— *Idem*, par l'abbé d'Espagnac. *a.* 229
— *Idem*, par La Harpe. *a.* 229, 233, 245
— de Choisy, par d'Alembert. *b.* 328
— de Colbert, par Necker. *a.* 147
— *Idem*, par Pechmeja. *a.* 18
— De Crébillon, par d'Alembert. *b.* 282, 328
— d'Aguesseau, par Thomas. *a.* 141
— de d'Alembert. *d.* 199, *e.* 316
— *Idem*, par Marmontel. *Voyez* Esquisse.
— de l'abbé Dangeau, par d'Alembert. *a.* 330; *b.* 328
— du Dauphin de France, par Thomas. *a.* 141; *e.* 12
— de Descartes, par Thomas. *a.* 141
— de Destouches, par d'Alembert. *a.* 417; *b.* 328
— de Dorat, par Cubières. *c.* 252
— de Duguay-Trouin, par Thomas. *a.* 141
— du Comte d'Eu, par l'abbé Bourlet de Vauxcelles. *a.* 370
— de Fénélon, par l'abbé Maury. *b.* 98
— de Fontenelle. *c.* 262; *d.* 156
— *Idem*, par Duclos. *d.* 161
— *Idem*, par Garat. *d.* 255
— *Idem*, par Leroy. *d.* 259
— de Fléchier, par d'Alembert. *b.* 196, 328
— de Frédéric II, roi de Prusse, par Guibert. *e.* 232; *f.* 63
— d'Helvétius, par Chatelux. *a.* 34
— de Jussieu, par Condorcet. *b.* 230

Eloge de La Fontaine, par Champfort. *b.* 16; *c.* 216
— de L'Hospital. *b.* 125
— *Idem*, par Condorcet. *b.* 142; *c.* 303
— *Idem*, par Garat. *b.* 416
— *Idem*, par Guibert. *b.* 155; *e.* 14; *f.* 63
— *Idem*, par Pechmeja. *b.* 141
— *Idem*, par l'abbé Remy, couronné. *b.* 141, 187; *c.* 303.
— *Idem*, par Talbert. *b.* 141
— de Louis XII. *d.* 161; *e.* 129, 134, 160
— *Idem*, par Florian. *e.* 129
— *Idem*, par l'abbé Noël. *e.* 186, 294
— de Marc-Aurèle, par Thomas. *a.* 121, 137; *e.* 12
— de milord Maréchal, par d'Alembert. *b.* 365
— de Marivaux, par d'Alembert. *e.* 132
— de Massillon, par d'Alembert. *b.* 328
— de Molière, par Champfort. *b.* 16; *c.* 216
— de La Motte, par d'Alembert. *a.* 165; *b.* 328
— de Montausier, par Garat. *c.* 256, 261
— *Idem*, par Lacretelle. *c.* 256, 261
— de Montesquieu, par d'Alembert. *d.* 177
— du maréchal de Muy, par l'évêque de Senez. *a.* 370
— de Pascal, par Condorcet. *a.* 297, 415
— du président Rose, par d'Alembert. *b.* 282, 328
— de Rousseau (J. J.) *e.* 374, 375; *f.* 44
— de Sacy. *b.* 328
— de Saint-Aulaire, par d'Alembert. *c.* 335

Eloges de l'abbé de Saint-Pierre, par d'Alembert.
a. 105; *b.* 328
— du maréchal de Saxe, par Thomas. *a.* 140
— de Suger, par Garat. *b.* 416, 419; *c.* 256
— de Sully, par Thomas. *a.* 141
— de Trudaine, par Condorcet. *b.* 230
— de Valbelle, par d'Alembert. *b.* 420
— de Vauban. *f.* 44
— de Verdelin, par Condorcet. *b.* 230
— de Voltaire, par La Harpe. *c.* 26, 48, 72, 76
— *Idem*, par Palissot. *b.* 306
— *Idem*, par le roi de Prusse. *b.* 322
— *Idem*, par divers auteurs. *b.* 420
ELOIRE. (la femme) *d.* 141
Embarras des richesses, opéra. *d.* 45
Emile. *a.* 212, 395; *c.* 315
Emilie Galotti, drame de Lessing. *d.* 31
Encyclopédie. *a.* 188, 190; *c.* 275, 301; *d.* 329
Endymion, opéra. *d.* 145, 187, 265
Entretien sur l'état actuel de l'opéra de Paris. *b.* 399
Entrevue, (l') comédie. *e.* 346
ÉPÉE. (l'abbé DE L') *b.* 109
Epicharis, tragédie de Ximenès. *f.* 81
Epigrammes. *a.* 23, 42, 80, 230, 267; *b.* 53, 63, 64, 75, 84, 86, 87, 102, 150, 274, 394, 423, *c.* 51, 53, 54, 61, 62, 67, 68, 319, 400; *d.* 97, 208, 238, 326; *e.* 158; *f.* 43
EPINAY. (M.me D') *a.* 124; *c.* 377; *d.* 63, 243
Epître à Claudine, par Bernard. *a.* 287

Épitre à Doris, par Saint-Lambert. c. 134
— à la lune, par Dorat. a. 59, 307
— à Margot, par Laclos. b. 47
— à Minette, par Colardeau. b. 356
— à Ninon, par M. de Schowalow. a. 194
— à un jeune poëte, sur le choix des liaisons, par La Harpe. a. 229, 245
— à Voltaire, par Schowalow. c. 7, 11
— aux poëtes, par Marmontel. b. 151
— d'Armide à Renaud, par Colardeau. b. 355
— de Pierre Bagnolet, par Dorat. b. 73
— de Brutus à Servilie, par Duruffé. a. 229, 258
— d'Héloïse à Abélard, par Colardeau. a. 227, 331; b. 354
— sur l'éloquence, par Marmontel. a. 329, 330
— sur l'histoire, par le même. b. 107, 196
Époux par supercherie, (l') comédie. f. 82
ÉPRÉMÉNIL. (D') c. 183 et suiv.
Épreuves du sentiment, par d'Arnaud. a. 31
Ericie, ou la Vestale, drame, par Fontanelle. e. 386
Ernelinde, opéra. b. 128
Ernestine, roman. b. 33
Ernestine, opéra, paroles de Laclos. b. 129, 133
Erosine, acte de Lebreton. a. 296
Erreur d'un moment, roman. a. 412
Erreur d'un moment, opéra de Monvel. b. 321
ESCHINE. b. 24
ESCHYLE. b. 135

K.

Eschyle, trad. par Dutheil. *d.* 204
Eschyle, trad. par Pompignan. *d.* 204, 295
Eslinger, libraire à Francfort. *a.* 240
Espagnac. (l'abbé d') *a.* 229
Espinasse. (M.lle de l') *a.* 378, 383; *b.* 8, 189
Esprit de Fontenelle, par La Porte. (par Prémontval) [*] *c.* 45
— de la Fronde, par Mailly. *c.* 100
— de la Ligue, par Anquetil. *c.* 74, *d.* 253
— de Marivaux, par La Porte. (par Lesbos) [*] *c.* 45
— de parti, comédie. *e.* 308
— des Croisades, par Mailly. *c.* 100
Esquisse de l'Eloge de d'Alembert, par Marmontel. *e.* 315, 316
Essai général de tactique, par Guibert. *a.* 144, 233, 318; *b.* 364; *e.* 232; *f.* 58
Essais historiques sur Paris. *a.* 418, 419; *b.* 194
— politique sur l'Autorité et les Richesses du clergé. *b.* 5
— sur la Musique, par Laborde. *c.* 70
— sur le Drame, par Mercier. *a.* 130
— sur le Génie d'Homère. *b.* 143
— sur l'Homme. *d.* 141
— sur l'Homme, trad. par Fontanes, du Resnel et Silhouette. *d.* 141, 142
— sur le Mérite et la Vertu, par Diderot, trad. en

---

[*] *Voyez* le Dictionnaire des Ouvrages anonymes, par Barbier. *Disc. prélim.*, page xj.

partie de l'anglais, de Scharfsterburg. *a.* 190.
Essais sur le Monachisme, par Linguet. *a.* 362
— sur les Eloges, par Thomas. *a.* 141 ; *e.* 12
— sur les Règnes de Claude et de Néron, par Diderot. *c.* 347
— sur l'histoire générale des Tribunaux des peuples, tant anciens que modernes, par Desessarts. *b.* 276
— sur les Grands, par d'Alembert. *d.* 178
— sur les Langues, par Sablier. *b.* 82
— sur les révolutions de la Musique, par Marmontel. *b.* 150
Estelle de Florian. *e.* 209 *et suiv.*
Etat civil, politique et commerçant du Bengale, trad. de l'anglais. *a.* 149
Etat présent du royaume de Portugal. *a.* 316, 324
Etourdis, (les) comédie d'Andrieux. *e.* 156, 285
Etrennes, (les) comédie. *c.* 49
— de Mercure, comédie. *c.* 202
— du Parnasse. *b.* 52
Eugénie, drame de Beaumarchais. *a.* 11 ; *e.* 8
Euménides (les) d'Eschyle. *b.* 135
Euphrosine, ou le Tyran corrigé, opéra d'Hoffmann. *f.* 56
EURIPIDE. *b.* 135, 180, 314 ; *d.* 295.
Evélina. *d.* 221
Evêque d'Autun. *Voyez* Talleyrand-Périgord.
Evêque de Lescar. *Voyez* Noé.
Evêque de Limoges. *Voyez* Coëtlosquet.
Evêque de Senlis. *Voyez* Roquelaure.

Examen critique des Voyages dans l'Amérique sep-
tentrionale de M. de Chatellux, par Brissot de
Varville. *e*. 215
Expédition dans l'Asie supérieure et la retraite des
Dix-Mille, trad. de Xénophon, par Larcher.
b. 105
— *Idem*, trad. par le comte de la Luzerne. *b*. 105
Exposition raisonnée des différentes manières d'ad-
ministrer le mercure, etc. par Dehorne. *a*. 50
Eymeric. *d*. 332

F.

Fables de Boisard. *b*. 97
Fabre d'Eglantine. *e*. 344, 386; *f*. 24
Falbaire. *Voyez* Fenouillot.
Fallet. (F.**) *d*. 16; *e*. 181
Fanfan et Colas, comédie. *d*. 260; *e*. 13
Fanier, (M.lle) comédienne. *d*. 321; *e*. 204
Fare. (le marquis de la) *b*. 340
Fariau-Saint-Ange. *a*. 418; *e*. 186
Fastes, (les) poëme de Lemierre. *b*. 386
Favart. *a*. 218, 224, 232, 244, 292, 295; *c*. 154,
323
Favart. (M.me) *a*. 292, 295; *d*. 135
Fauchet. (l'abbé) *f*. 46
Faucon, opéra. *a*. 47
Faussard-l'Enroué. (Histoire de) *d*. 120
Fausse Apparence, (la) comédie. *e*. 265

Fausse Coquette. *d.* 264

Fausse Inconstance, (la) comédie de M.me Fanny Beauharnais. *e.* 169

Fausse Magie, (la) opéra de Marmontel, musique de Grétry. *a.* 27, 63, 71, 84, 95, 100

Fausses Infidélités, (les) comédie. *c.* 283, 284; *e.* 10, 157

Faux Ibrahim, par Dorat. *b.* 66

Faux Lord, opéra. *d.* 187

Faux Noble, (le) comédie. *e.* 308

Feinte par amour, comédie de Dorat. *a.* 263; *b.* 14; *c.* 85, 88

Félicité publique, (de la) par M. Chatelux. *a.* 34

Félix, ou l'Enfant trouvé, opéra. *d.* 292

Femme jalouse, (la) comédie. *d.* 314

Femmes, (les) poëme, par La Harpe. (Fragment.) *d.* 17

Femmes savantes, (les) comédie de Molière. *b.* 80; *c.* 284, 286, 361, 385; *e.* 74

Femmes vengées, (les) opéra de Sedaine. *a.* 127, 166

FÉNÉLON, archevêque de Cambray. *b.* 107, 305; *d.* 53

FÉNÉLON, évêque de Lombez. *b.* 99

FENOUILLOT DE FALBAIRE. *a.* 354, 365; *e.* 350

Féodor et Lisinska, drame. *e.* 214

FÉRIOL. (M. et M.me DE) *e.* 82, 83

FERMIÈRE. (DE LA) *a.* 146; *b.* 177

FERTÉ, (DE LA) intendant des menus. *a.* 332; *c.* 68

Fête du Château, opéra de Favart. *a.* 218

Fête de Mirza, ballet de Gardel. c. 206
FIELDING. b. 22, d. 36
Figaro. *Voyez* Mariage de Figaro.
Filles de Minée. a. 163, 196
Fils naturel, (le) drame de Diderot. a. 45
Finte Gemelle, (*le*) opéra de Piccini. b. 249
Flatteur, (le) comédie. c. 326
FLÉCHIER. b. 196
Fleur d'épine, conte d'Hamilton. a. 416; c. 274
Idem, opéra de Voisenon. a. 416
FLEURY, cardinal. c. 231; e. 85
— Comédien. e. 371
FLINS. e. 350
FLOQUET, musicien. a. 35, 179, 382; b. 329; c. 160; d. 46
FLORIAN, oncle du chevalier. a. 260
FLORIAN. (le chevalier DE) b. 335; c. 168; d. 2, 11, 42, 127, 166, 191, 253, 259, 281; e. 31, 76, 129, 202, 209, 268, 376
Florinde, tragédie de Lefèvre. b. 13
Florine, comédie d'Imbert. c. 116
FOCCHETTI, chanteur. b. 249
FONCEMAGNE. c. 8 *et suiv*., 36, 48; d. 103
FONTAINE, traducteur de Shakespeare. b. 278
FONTANELLE. a. 290, 341; b. 251
FONTANES. d. 57, 141, 281
FONTENAY. (l'abbé DE) a. 336
FONTENELLE. a. 307, 347; b. 272, 328; c. 215, 262, 335; d. 156

Forces du naturel, comédie de Destouches. *d.* 1
FORCEOT. *d.* 45; *e.* 285
Fortifications, (sur les) par Montalembert. *b.* 5
FOUCHER. (l'abbé) *b.* 236, 256
FOUCHI. (DE) *a.* 415
FOURCROY. *e.* 101
FOURÉ. (Marie) *d.* 113 *et suiv.*
FOURNEL, auteur dramatique. *b.* 206
Fous de Médine, (les) ou la Rencontre imprévue, parodie des Pélerins de la Mecque. *f.* 29
Fragmens de Lettres originales de madame Charlotte-Elizabeth de Bavière, veuve de Monsieur, frère unique de Louis XIV. *e.* 296
Franc Breton, conte de Marmontel. *f.* 79
— comédie de Dejaure. *f.* 79
FRANÇOIS I. *d.* 113
François d'Assise, (Saint) tableau de Giroust. *e.* 120
FRANÇOIS. (de Neufchâteau) *a.* 306; *b.* 214, 224; *c.* 153; *e.* 61
FRANCKLIN. *b.* 70, 210; *d.* 224
FRÉDÉRIC II, roi de Prusse. *a.* 20, 398; *b.* 322; *c.* 46, 114, 136; *d.* 106, 180, 239
FRÉRET. *a.* 414
FRÉRON. *a.* 44, 68, 226, 228, 235, 241, 245, 336; 338, 391, 397, 414; *b.* 74, 91, 218, 301; *c.* 45, 53, 68, 83, 166, 271; *d.* 47
Frescatana, (la) opéra. *b.* 304, 305
FRIEDEL. *d.* 30 *et suiv.*
FROCHOT. *f.* 110

Fuel de Méricourt. *b.* 17
Fuselier. *a.* 403, 419

G.

Gabotier, Gafutier ou Gahotier. *Voyez* Cécile.
Gabrielle d'Estrées, tragédie. *b.* 236; *d.* 189
— de Vergy, tragédie de Dubelloy. *a.* 112, 404; *b.* 44, 126, 136; *e.* 136
— de Passy, parodie de la précédente, par Parisau. *b.* 161
Gagliani. (l'abbé) *a.* 345
Gaillard, directeur de théâtres. *f.* 30
Gaillard. *b.* 376; *c.* 399; *d.* 310, 313; *e.* 132
Galathée, de Florian. *d.* 191, 259, 281; *e.* 210
Galerie de l'ancienne Cour, ou Mémoires et Anecdotes pour servir à l'Histoire de Louis XIV et de Louis XV. *e.* 140
Galland. *c.* 273
Ganganelli. *a.* 350
Garasse. (le P.) *b.* 233
Garat. *b.* 416, 419; *c.* 155, 256 *et suiv.*, 261; *d.* 255; *e.* 101
Garde des sceaux. *Voyez* Miromesnil.
Gardel. *b.* 28; *c.* 160, 206; *d.* 327
Garnier. (l'abbé) *b.* 252
Garrick. *a.* 218; *e.* 139
Gastines. *d.* 196
Gaston et Bayard, tragédie de Dubelloy. *a.* 112, 375

GAUSSIN. (M.lle) b. 94; d. 155; e. 35, 182
GAUTIER. (l'abbé) b. 220, 242
Gazette de France. a. 12
— de l'Europe. b. 42
GEBLER. d. 30, 34
GELLERT, b. 191
Génie de Pétrarque. b. 231
GENLIS. (le comte de) b. 397
GENLIS. (les demoiselles de) c. 52, 78
GENLIS. (M.me de) b. 199, 358, 361, 362, 374, 382, 388, 397, 423; c. 39, 52, 77, 146, 182, 243, 246, 247, 313 et suiv.; d. 63, 243; e. 19, 158, 360
Gens de Lettres, ou le Poëte provincial, comédie.
e. 386
GEOFFRIN. (M.me) a. 275, 295; b. 8, 30, 47, 178, 187, 189, 299; c. 358, 383
GEOFFROY. (l'abbé) c. 270
GEORGEL. (l'abbé) b. 422
Georgina, roman de Miss Burnet. e. 182
Géorgiques, trad. par Delille. c. 390; e. 206, 377
GERBIER. a. 14, 76, 89, 101; d. 305
GERCOURT. (le comte de) b. 271
GESSNER. a. 350; b. 191
GIBBON. b. 88, 190; d. 60
GILBERT, auteur. a. 226, 234, 235; b. 4, 218, 308;
c. 166, 380
GILBERT, cocher. b. 4
GIN. d. 326
GINGEMBRE, e. 101

GIRARD. (l'abbé) *b.* 106; *e.* 202

GIRARDIN. *b.* 105, 260; *c.* 378

GIROUST, peintre. *e.* 120

GLÉON. (la marquise de) *a.* 220

Glorieux, (le) comédie. *c.* 34, 284

GLUCK. *a.* 25, 26, 224, 232, 256, 267, 272, 297, 311, 358, 382, 410; *b.* 45, 74, 83, 84, 102, 113, 115, 150, 154, 161, 168, 170, 222, 230, 255, 262, 263, 302, 303, 322, 371, 392; *c.* 1, 27, 101, 107, 119, 151, 191 *et suiv.*, 265, 325, 398; *d.* 86, 143, 198, 236, 237; *e.* 97

GOESMAN. *a.* 1, 10 *et suiv.*, 225; *e.* 189

GOETHE. *b.* 191; *d.* 30

GOIS, sculpteur. *e.* 31

GOLDONI. *a.* 402, 405

GOMBAUD. *d.* 234

G.*** (GOSSEC.) *a.* 272, 274, 296; *c.* 102, 325

Graces, (les) comédie de Sainte-Foix. *a.* 419; *b.* 194

Gracques, (les) tragédie inédite de Guibert. *f.* 62

GRAMMONT. (la duchesse DE) *a.* 55

Grand aumônier. (Louis de Rohan) *b.* 62

GRANDMAISON. *Voyez* MILLIN.

GRANDMESNIL. *f.* 12, 30

GRANDMONT-ROZELLI. *b.* 365, 385

GRANDVAL, acteur. *a.* 394; *b.* 309

GRAY. *c.* 390

Grenadier. (belle parole d'un) *b.* 293

GRESSET. *b.* 123, 126, 196; *c.* 138, 285, 293, 360

GRÉTRY. *a.* 27, 36, 136, 210, 219, 380, 382; *b.* 113,

129, 152, 230, 254, 328, 373; *c.* 101, 107, 324, 325; *d.* 45, 146, 194, 207, 267, 292; *e.* 155, 185; *f.* 39

GRÉTRY. (M.lle) *e.* 213
GREUZE, peintre. *a.* 268
GRIMOD DE LA REYNIÈRE. *d.* 87
GROSIER. (l'abbé) *a.* 397, 414
GRUET. *a.* 408
GUASCO. (l'abbé de) *a.* 278
GUDIN, auteur de Coriolan. *a.* 404, 410; *d.* 196
GUENÉE, (l'abbé) auteur des Lettres des Juifs Portugais. *b.* 231, 236, 256
GUEROULT. *d.* 323
Guerre de Genève, par Voltaire. *a.* 259
Guerre ouverte, ou ruse contre ruse, comédie de Dumaniant. *e.* 124
GUIARD, (M.me) peintre. *e.* 30, 119
GUIBERT. *a.* 144, 229, 233, 246, 317, 387; *b.* 155, 156, 364, 366; *e.* 14, 22, 41 *et suiv.*, 232 *et suiv.*; *f.* 58 *et suiv.*, 100
GUILLARD. *b.* 371; *c.* 398; *d.* 145, 207, 265; *e.* 2, 97, 137, 178
Guillaume Tell, tragédie. *f.* 40
GUIMARD, (M.lle) danseuse. *b.* 167, 337; *c.* 68; *d.* 144
GUINES. (le comte de) *a.* 77, 89, 101, 135, 194
GUIS. *b.* 67
Gustave, poëme par Lefèvre. *b.* 57
— tragédie de Piron. *a.* 356

Guymond de la Touche. *b.* 371, 399
Guyot. *b.* 251

H.

Haine de famille. *Voyez* Roséide.
Hamilton. (le comte d') *a.* 203, 390, 416; *b.* 39;
c. 274, 277, 293
Hamlet, tragédies de Ducis et de Shakespeare. *b.* 316;
d. 66
Harangue de Démosthène sur la couronne. *e.* 122
Harcourt. (le duc d') *e.* 311
Harmonie imitative (l' de la langue française, par
Piis. *e.* 36 *et suiv.*
Hastings. *b.* 245
Hauteserre. (M.me) *c.* 171 *et suiv.*
H.** (Haupoult, la comtesse) *b.* 118, 147
Heinel. (M.lle *b.* 59; *c.* 160; *d.* 236
Hele. (d') *a.* 30; *b.* 254, 328
Hellé, opéra, musique de Floquet. *b.* 329
Helvétius. *a.* 34, 67; *c.* 383
Henault. (le président) *a.* 385; *c.* 147
Hénin. (la princesse d') *a.* 405
Henriade. *a.* 228, 238; *b.* 339
— Trad. en vers latins. *e.* 345
Henri d'Albret, roi de Navarre, comédie. *d.* 83
Henriette, drame, par M.lle Raucourt. *c.* 327
Henri de Prusse. (le prince) *a.* 175
Henri VIII, tragédie de Chénier. *f.* 31, 87

Henri IV, drame de Durosoy. *a*. 24, 39
Héraclius, tragédie. *e*. 22
Hercule au mont AEta, ou Hercule mourant, trag.
e. 169
Héroïsme Français (l') ou le Siège de Saint-Jean-de-Lône, drame de d'Ussieux. *c*. 125
Heureuse erreur, comédie de Patrat. *d*. 156
Heureusement, comédie par Rochon de Chabannes.
b. 368

Hirza, tragédie. *Voyez* Illinois.
Histoire (abrégée) des Conciles, 4 vol. *in*-4.° *a*. 149
Histoire d'Amérique, par Robertson. *b*. 276, 286
— de Charles XII. *d*. 62
— de Charlemagne, par Gaillard. *c*. 399
— de Charles-Quint, par Robertson. *b*. 276
— d'Ecosse, par Robertson. *b*. 276
— de France, par Duclos. *b*. 260
— de Hyder Alikan, par M. Maistre de la Tour.
d. 124
— de l'astronomie, par Bailly. *b*. 72; *c*. 214, 215
— de la chevalerie, par Sainte-Palaye. *c*. 214
— de la Chine. *a*. 413
— de la décadence et de la chûte de l'empire romain, par Gibbon, traduit par Septchaines. *b*. 88, 190
— de la maison d'Autriche. *b*. 271.
— de la maison Ottomane et du gouvervement d'Egypte, par Digeon. *c*. 273
— de la république Romaine. *b*. 88
— de Russie, par Lévéque. *d*. 124

Histoire des Empereurs. *b.* 223
— des Gouvernemens du Nord, par Villiams. *c.* 100
— des hommes. *c.* 220
— des oracles, par Fontenelle. *c.* 265
— des progrès de la puissance navale d'Angleterre. *d.* 104
— des révolutions de l'empire romain, par Linguet. *a* 87
— de Pologne, depuis la mort d'Auguste III, jusqu'en 1775, par l'abbé Jaubert. *a.* 315
— des rois de Rome, par Palissot. *a.* 132
— des troubadours, par Sainte-Palaye. *c.* 214
— du bas-empire. *b.* 223
— du droit public d'Allemagne. *b.* 69
— du Pape Clément XIV. *a.* 124
— du Parlement d'Angleterre, par Raynal. *a.* 21
— du siècle d'Alexandre, par Linguet. *a.* 86
— du Stathoudérat, par Raynal. *a.* 21
— naturelle de Buffon. *a.* 351
— Philosophique et politique du commerce des Européens dans les deux Indes, par Raynal. *a.* 17; *b.* 329; *c.* 240; *d.* 89
— secrette, par Dubois. *a.* 408
— secrette de la cour de Berlin, par Mirabeau. *c.* 336, 357
— universelle, traduit de l'Anglais. *c.* 74, 109, 110
— universelle de tous les théâtres du monde. *b.* 275
HOFMANN, auteur dramatique. *e.* 352
HOLBACH. (baron D') *b.* 234

Homère. *b.* 51; *e.* 118
— traduit par Bitaubé. *c.* 109; *d.* 326
— par Gin. *d.* 326
— par Obremez. *d.* 326
Homme aimable. (l') *Voyez* conciliateur.
Homme dangereux, (l') comédie de Palissot. *a.* 133; *c.* 357, *et suiv.*, 383
— du jour, (l') comédie de Boissy. *c.* 285
— personnel, (l') comédie de Barthe. *b.* 184, 206, 209
Hommes de Prométhée, (les) par Colardeau. *a.* 227, 236
Homme sensible, (l') roman traduit de l'anglais. *a.* 79
Honnête criminel, (l') drame de Fenouillot de Falbaire. *a.* 365; *e.* 350
Horace, poëte. *a.* 327; *d.* 9
— traduit par Lebatteux. *c.* 110
— traduit par Réganhac. *c.* 304
Horace, tragédie. *b.* 53; *e.* 97
Horaces, (les) ballet. *b.* 58; *e.* 97
— opéra. *e.* 97
Hornoi, (d') neveu de Voltaire. *b.* 244, 247; *d.* 150
Hôtellerie, (l') comédie. *e.* 13
Hôtesse coquette, comédie, de Mme Montesson. *d.* 125
Houdetot. (la comtesse d') *b.* 227; *e.* 72
Houdon. *b.* 260, 281, *c.* 272; *d.* 148
Hue de Mirosménil. *Voyez* Miromesnil.

Humain, dragon. *a.* 15
Hume. (David) *b.* 5, 8, 88; *c.* 377; *d.* 60
Hus. (M.lle) *c.* 72
Hyde. *b.* 246
Hymne à la vérité, par Bonneville. *f.* 47 *et suiv.*
Hypermnestre. *b.* 320; *c.* 21, 98, 289

I.

Iliade d'Homère, tragédie de Bitaubé. *c.* 109; *d.* 327
Illinois, (les) ou Hirza, tragédie de Sauvigny. *b.* 237; *c.* 49; *d.* 116
Illusions poétiques, (les) par Desperroux. *e.* 59
Imagination, (l') poème par Delille. *e.* 376, 377
Imbert. *a.* 63, 411; *b.* 97, 161, 185, 251; *c.* 116, 202, 222, 350, 355; *e.* 152, 265, 308, 355
Impatient, (l') comédie. *c.* 326
Impertinent, (l') comédie. *b.* 90
Impromptu de l'amour. (l') *c.* 133
Impromptu. *a.* 64
Inauguration du Théâtre Français, prologue. *c.* 350, 355
Incas, (les) par Marmontel. *b.* 60
Inconséquent, (l') comédie. *e.* 181
Inconstant, (l') comédie. *e.* 175, 253, 367
Inès de Castro, tragédie. *a.* 178; *b.* 53; *d.* 31
Interprétation de la Nature, par Diderot. *a.* 190
Intrigant. *Voyez* Roséide.

Intrigue du Cabinet, sous les règnes d'Henri IV et
de Louis XIII, par Anquetil. *c.* 73
Introduction à l'Histoire d'Angleterre, par Vilkes.
a. 196
INVAU, (D') ministre. *c.* 224
Iphigénie en Aulide, opéra. *a.* 27, 63, 100, 297,
358, 360, 410; *b.* 113, 170, 303; *c.* 368
Iphigénie en Tauride, opéra de Gluck. *b.* 262, 322,
371, 392, 399, 412; *c.* 28, 192; *d.* 198
— de Piccini. *c.* 151, 191 *et suiv.*, 201, 297; *e.* 24
— tragédie de Guymond. *b.* 371, 399; *c.* 191
Irène, tragédie de Voltaire. *b.* 206, 211, 218, 298,
377
Irrésolu, (l') comédie. *e.* 175
ISLE, (de L') officier de dragons. *b.* 246; *d.* 239
Isle déserte, trad. de Metastase, par Collet. *a.* 334
Isle inconnue, roman, par Gastines. *d.* 196

J.

Jaloux désabusé de Campistron. *d.* 216
Jaloux sans amour, (le) comédie. *c.* 202
Jaloux, comédie de Rochon. *d.* 215
Jammabos, (les) ou les Moines Japonnais, tragédie
de Fenouillot de Falbaire. *b.* 348
Jardins, (les) poëme, par l'abbé Delille. *a.* 116;
c. 195, 330 *et suiv.*, 388 *et suiv.*; *e.* 206, 377
Jean Hennuyer, drame de Mercier. *a.* 68
Jean-Jacques Rousseau à ses derniers momens, co-

médie de Bouilly. *f.* 109
Jeanne d'Angleterre, tragédie. *b.* 21
Jeanne d'Arc à Orléans, drame de Desforges. *f.* 20
Jeanne de Naples, tragédie de La Harpe. *c.* 307, 326; *d.* 18, 116, 126, 129
JEANNEL. *b.* 93
Jeannot, ou les battus paient l'amende. *b.* 412; *c.* 49
Jeannot et Colin. *c.* 168
Jeannot et Jeannette, opéra. *a.* 179
Jean-sans-terre, tragédie, de Ducis. *f.* 67
Jenneval, drame de Mercier. *c.* 202
Jenni, roman de Voltaire. *a.* 182, 196
———, — de M.me Riccoboni. *b.* 33
Jeune épouse, (la) comédie. *e.* 184
Jeune Indienne, (la) comédie de Champfort. *b.* 16; *c.* 215, 260
Jeux de main, (les) poëme de Rulhières. *f.* 103
Jezennemours, roman de Mercier. *a.* 392, 395
JOLY, (M.lle) actrice. *d.* 321
Joseph, par M.me de Genlis. *e.* 19, 20
JOSEPH II, empereur. *b.* 102, 106
Joueurs, (les) comédie. *e.* 389
Journal de Lecture. *a.* 272
— de Littérature. *b.* 153, 233, 250
— de Monsieur. *c.* 270
— de Paris. *b.* 61, 151, 153, 210, 214, 250, 369; *c.* 272, 303; *d.* 127; *e.* 152, 355
— des Dames, par Mercier. *a.* 362; *b.* 55, 62
—, — par Dorat. *b.* 251

Journal des Etats-généraux, par Mirabeau. *e.* 337
— des Savans. *a.* 339
— des Spectacles. *a.* 362; *b.* 17
— de Verdun. *b.* 40
— Français, par Palissot et Clément. *b.* 50, 251
Journalistes Anglais, (les) comédie. *c.* 395
Journée de l'Amour. *b.* 4
— d'un Clerc de Procureur. *c.* 129
Jubilé, (le) ode de Gilbert. *b.* 4
Juge, (le.) drame de Mercier. *a.* 32
Jugement de Midas, opéra. *b.* 114, 254
Jugement dernier, (le) ode par Gilbert. *b.* 4
Jules-César, tragédie de Shakespeare. *d.* 66
Jules-César, fragment par l'abbé Arnaud. *c.* 566, 367; *d.* 14
Jules de Tarente, tragédie. *d.* 33
Julie, opéra. *b.* 321
Julien, sculpteur. *e.* 31
Jumeaux de Bergame, (deux) comédie de Florian. *d.* 2
Jumelles supposées. *Voyez Finte Gemelle.*
Jumonville, officier français. *e.* 45
Jumonville, poëme de Thomas. *a.* 139; *e.* 44 *et suiv.*
Juridiction des droits féodaux. *a.* 332
Jussieu. *d.* 272
Justin, traduit par l'abbé Paul. *a.* 50

K.

Keralio.	c. 291
Klopstock.	b. 191; d. 33; e. 20
Koock. *Voyez* Cook.	
Kornmann.	e. 170, 188, 287
Kzernichew (M. de)	c. 219

L.

Labarre.	c. 224
Labaumelle.	a. 228, 238, 369; d. 106
Lablache.	a. 9, 75
Labletterie.	c. 387
Lablonde. (Prix de vertu.)	e. 312
Laborde.	a. 37, 273, 299; b. 76, 176; c. 70, 297
— Mme	d. 154
Labruère.	d. 265
La Bruyère.	c. 308 et suiv.; d. 12
Lachabeaussière.	c. 285; e. 173
Lachaussée.	a. 39, 41; c. 283; d. 152
Laclos.	b. 47, 129, 133, 332; c. 339
Lacombe, libraire.	a. 409; b. 250, 256
Lacretelle.	c. 256 et suiv. 261, 324; e. 130
Lacroix, (de) avocat.	d. 58
Lacroix, (de) mathématicien.	e. 101
La Fare. (Mme de)	c. 218
La Faye.	c. 306

La Fontaine. *b.* 16; *c.* 216; *d.* 111
— (Statue de) par Julien. *e.* 31
Lafosse. *b.* 21; *d.* 121
Lagrange-Chancel. *e.* 286
Lagrange, traducteur de Lucrèce et de Senèque. *b.* 234, 327
Lagrenée, peintre. *b.* 161; *c.* 272; *e.* 30
Laguerre, (Mlle) actrice. *b.* 167
La Harpe. *a.* 24, 55, 56, 106, 115, 116, 117, 143, 144, 217, 226, 233, 244, 245, 258, 259, 361, 371; *b.* 30, 107, 127, 147, 153, 198, 201, 226, 245, 251, 298, 300, 340, 359, 374, 383, 395, 401, 420; *c.* 5, 25, 35, 36, 40, 52, 53, 54, 72, 74 *et suiv.*, 100, 128, 132, 218, 250, 259, 307, 351, 366; *d.* 8, 15, 17, 38, 126, 131, 145, 146, 154, 162, 165, 174, 187, 214, 328; *e.* 101, 202, 343, 376, 390; *f.* 51, 100
Laignelot. *c.* 353
Lally. (le comte de) *a.* 7; *b.* 241; *c.* 183 *et suiv.*
Lally-Tollendal, (fils du comte de) *b.* 242; *c.* 183; *e.* 70, 399 *et suiv.*
Lamarre. *c.* 248
Lambercier. (M. le) *c.* 373
Lamoignon. *e.* 343
Lamoignon-Malesherbes. *Voyez* Malesherbes.
Lamotte-Houdart. *a.* 165, 178, 347; *b.* 51, 97, 328; *e.* 317
Lamotte. (Mme) *b.* 100, 111
Lange. (Mlle) *f.* 12, 30

LANGLOIS. (M.lle) *e*. 160
LANOUE. *b*. 245; *d*. 315
LANOYRIE, jeune officier aux Gardes. *b*. 46
LANTIER. *c*. 326; *e*. 181
Lanval et Viviane, comédie-féerie. *e*. 308; *f*. 80
LANY, (M.lle) danseuse. *d*. 143
LAPLACE. *b*. 21; *c*. 203, 346; *d*. 120
LAPORTE. (l'abbé DE) *a*. 341; *c*. 44; *e*. 140
LARCHER, trad. de Xénophon. *b*. 223, 230, 236
LARIVE, acteur. *a*. 167, 177, 184, 217, 280, 394; *b*. 26, 222, 385; *c*. 98, 112, 119; *d*. 116, 127, 144, 146, 153, 188, 214; *e*. 181; *f*. 41
LARRIVÉE, acteur de l'opéra. *b*. 304
LARUETTE. (M.me) *a*. 218; *b*. 71; *d*. 135
LATOUR, peintre. *a*. 267
LATTAIGNANT. *b*. 220
LAUJON. *a*. 310, 347; *b*. 172; *d*. 217; *f*. 65
LAURE, danseuse. *e*. 98
Laurette, comédie. *b*. 412; *c*. 113
Laurette, opéra. *b*. 134
LAÜS DE BOISSY. *c*. 99
LAUZUN. (la duchesse DE) *b*. 226
LAYA. *f*. 2
LEBAS, peintre. *b*. 77
LEBATTEUX. (l'abbé) *c*. 10, 110, 154
LEBEAU. *b*. 222, 230, 236
LEBERTON, ou LEBRETON, administrateur de l'opéra. *a*. 296, 299; *c*. 68, 102; *e*. 178
LEBLANC. *a*. 37; *c*. 316; *d*. 217, 250; *e*. 265

LEBLANC. (l'abbé)	a. 267
LEBOEUF.	d. 86
LEBRETON, musicien. *Voyez* LEBERTON.	
LEBRUN. (Ponce-Denis CROUCHARD)	b. 50, 279; c. 319, 337; e. 134
LEBRUN. (M.me)	d. 83; e. 30, 119
LECLERC. (Jean)	a. 27
LECLERC.	b. 88
LECONTRE, comédien.	a. 184, 203
Lecture interrompue. *Voyez* Dramomane.	
Lectures.	a. 143, 144
LEFEVRE, auteur tragique.	a. 404; b. 13, 56, 104, 134; d. 81 *et suiv.*; e. 169
LEFEVRE.	b. 134
Légataire universel, (le)	d. 50
LÉGER, (Claude) curé de Saint-André-des-Arts.	c. 267
LÉGIER.	a. 382
Législation, (de la) ou principes des Lois, par Mably.	b. 1, 51
Législation et le commerce des grains, (la) par Necker.	a. 148, 175, 345
LEGRAND, comédien-auteur.	c. 206
LEGRAND, auteur.	b. 135; c. 169
LEGRAND D'AUSSY.	c. 221
LEGROS.	a. 73, 100, 257; b. 177, 304
LEIPPEL.	d. 30
LEISCWITS.	d. 30
LEJAY.	a. 10 *et suiv.*; e. 338

LEKAIN. *a.* 59, 175, 193, 254, 271, 366, 394, 405, 415; *b.* 25, 183, 202, 207, 226, 290, 307, 371, 385; *c.* 132; *d.* 47, 135

LÉLIO. *d.* 111

LEMAURE. (Mlle) *b.* 347

LEMERCIER. *e.* 286

LEMIERRE. *b.* 291, 319, 386; *c.* 36, 90, 102, 116, 117, 120, 154, 195, 197, 289, 361, 400; *d.* 161, 234; *e.* 22, 135, 169, 199; *f.* 4, 40 *et suiv.*, 67

LEMOINE. (le P.) *a.* 120

LEMOINE, musicien. *c.* 398; *e.* 98, 352

LEMONNIER. *a.* 35

LENFANT. (l'abbé) *c.* 147

LENGLET-DUFRENOI. *b.* 271

LENOIR. *e.* 188

LÉNONCOUR. (Mme DE) *c.* 221, 286

LENÔTRE. *b.* 106

Léonard de Vinci mourant dans les bras de François premier, tableau de Menageot. *c.* 272

Léopold de Brunswick, poëme de Marmontel. *e.* 250

LEPAGNIER. (Marie-Madeleine.) *d.* 141

LÉPÉE. (l'abbé DE) *c.* 171 *et suiv.*

LEROI. *c.* 320

LEROI. *d.* 259

LEROI. (Julien) *b.* 129

LEROUX. *c.* 171, 179 *et suiv.*

LESSING. *b.* 191; *d.* 30, 31

LETOURNEUR. *a.* 345, 406; *b.* 42, 276; *c.* 74, 109, 220

Lettre à l'abbé Raynal. *d.* 89

Lettre à Voltaire, par M. Schowalow. *c*. 7
Lettres, (petites) par Palissot. *a*. 132
Lettres à mes Commettans, par Mirabeau. *e*. 339
Lettres athéniennes, par Crébillon. *b*. 12
— contenant le journal d'un voyage fait à Rome en 1773, par Clément, depuis évêque de Versailles. *d*. 100
— chinoises, de Voltaire. *a*. 348, 360
— choisies de Voltaire. *e*. 74
— de Catesby. *b*. 33
— de Condorcet, sur le commerce des grains. *a*. 148, 159
— de Fanny Buttler. *b*. 33
— de Ganganelli. *a*. 305, 349; *b*. 66
— de Labaumelle. *a*. 369
— de la comtesse. (1.er titre des feuilles de Fréron). *a*. 340
— de la comtesse de Sancerre. *b*. 149, 321; *d*. 150
— de la Montagne. *a*. 213
— de madame, belle-sœur de Louis XIV. *Voyez* Fragment.
— de M.me de Maintenon, publiées par Labaumelle. *a*. 242
— de M.me de Sévigné au comte de Rabutin. *a*. 288
— de M.lle Aïssé. *e*. 82
— de milord Rivers. *b*. 32
— de M. Skerlock. *c*. 100
— de quelques Juifs Portugais. (par l'abbé Guénée. *b*. 231

Lettres de Sophie de Valières. b. 33
— d'un cultivateur Américain, par Crevecœur. d. 278
— de Voltaire à l'abbé Moussinot. c. 247
— du chevalier de ***, par Crébillon. b. 12
Lettres écrites de Lausanne. e. 208
— édifiantes. a. 413
Lettre pastorale de l'Evêque de Lescar. b. 42
Lettres Persannes. d. 196
Lettres sur la mythologie. f. 96
Lettre sur la musique, par J. J. Rousseau. a. 210
— sur la Suisse, par Boufflers. c. 275
— sur la Suisse, par Coxe, trad. par Ramond. c. 295
— sur les animaux, par Leroy. c. 320
— sur les aveugles, par Diderot. a. 190
— sur les révolutions de la musique en France. b. 116
— sur les sciences, par Bailly. b. 322; c. 215
— sur les sourds et muets, par Diderot. a. 190
Lettres sur l'Histoire primitive de la Grèce. e. 341
Lettre sur l'influence de Boileau, à Ximenès, par Cubières. e. 65 et suiv.
Lettres sur l'Italie, par Dupaty. e. 105
Levasseur, (M.lle) danseuse. b. 336
Lévêque. c. 291; d. 124
Leyrit. c. 183
Liaisons dangereuses. c. 339
Lillo, auteur anglais. f. 87
Linant. c. 248
Linguet. a. 1, 3 et suiv., 14, 76, 78, 80, 86, 92, 96, 101, 103, 107, 126, 135, 159, 181, 187,

331, 362, 414; *b.* 298; *c.* 25, 54, 166, 380, 399;
d. 118; *e.* 170

LOCKE.	*c.* 120
Lodoïska, opéra de Fillette-Loreaux, joué sur le théâtre de Feydeau.	*f.* 95, 96
— de Dejaure, joué sur le théâtre italien.	*f.* 95, 96
Lois de Minos, tragédie de Voltaire.	*a.* 7
LOMÉNIE DE BRIENNE. *Voyez* BRIENNE.	
LONGEPIERRE.	*b.* 338
LOPE DE VEGA.	*d.* 122
Lord anglais, (le) opéra.	*c.* 49
Lord impromptu, conte de Cazotte.	*a.* 389
Lord supposé. (le)	*a.* 335
Lorédan, tragédie de Fontanelle.	*a.* 59, 290, 299, 311, 320
LOUIS DE ROHAN, cardinal de Guéméné, (le prince) coadjuteur de Strasbourg, grand aumônier.	*b.* 62, 155, 284
LOUIS. (Mme)	*a.* 416
Louis et Carloman, opéra.	*b.* 369
LOUIS XIV.	*d.* 54
LOUSTALOT.	*f.* 57
LUCAIN.	*d.* 15
Lucain, (traduction abrégée de) par Marmontel.	*a.* 30
Lucas et Lucette.	*d.* 45
Lucile, opéra.	*b.* 256, 303
LULLY.	*b.* 115, 229, 335
LUNAY. (l'abbé)	*a.* 351

Lutrin (le) de Boileau. c. 383
Luxembourg. (la maréchale de) a. 316; b. 138, 197, 198; c. 5, 304, 377
Luynes. (le cardinal de) e. 76
Lycée de Paris. e. 100, 161, 307

M.

Mably. (l'abbé de) b. 1, 50; d. 60, 196
Macbeth, tragédie de Shakespeare. b. 278, 279; d. 66
— de Ducis. b. 279, 316; d. 141, 146, 153, 192; f. 40, 67, 68
Macpherson. b. 43
Macquer. b. 251
Madeleine, (la) poëme du P. Pierre de Saint-Louis. e. 36
Madisson. e. 81
Magasin des Modernes, comédie. a. 379
Mahomet, tragédie. b. 285, 345
Mai, (le) opéra-comique. a. 379
Mailla, (le P.) missionnaire. a. 413
Maillebois père. (le maréchal de) a. 171, 180
— fils. (le comte de) a. 35, 171, 180
Maillet. a. 62
Mailly. c. 100
Maine. (la duchesse du) c. 336; d. 51
Maintenon. (M.me de) a. 242
Maison à deux portes, comédie. b. 20; c. 189

Maisonneuve, auteur dramatique. *e.* 16 *et suiv.*, 76
Malebranche. *c.* 120
Malesherbes. *a.* 33, 51, 103, 168, 363; *c.* 366, 378.
Malheureux imaginaire, (le) comédie de Dorat.
       a. 405; *b.* 13, 27, 36, 44, 52, 63; *c.* 87
Malheurs de l'amour, roman de Mme de Tencin.
       a. 347
Malvin de Montazet. *Voyez* Montazet.
Mancocapac, tragédie de Leblanc. *a.* 37; *c.* 316;
       d. 28, 250
Mandini, chanteur. *f.* 94
Manfredi, auteur italien. *b.* 157
Manie des arts, comédie de Rochon-Chabannes.
       b. 368
Manlius, tragédie de Lafosse. *b.* 21; *d.* 121; *e.* 317,
       345
Manuel d'Epictète. *c.* 348
— des inquisiteurs, traduit par Morellet. *d.* 332
Marcel et Maillard, ou Paris sauvé, tragédie en
  prose de Sedaine. *a.* 48, 100, 149, 166; *e.* 317
March, (Augustin) auteur espagnol. *e.* 124
Marchais. (Mme) *c.* 146
Marchand de Smyrne, comédie de Champfort. *b.* 16
Marck. (de la) *f.* 110
Maréchal ferrant, (le) opéra; paroles de Quetant,
  musique de Philidor. *b.* 128
Mariage clandestin, comédie. *a.* 243
— d'Antonio, comédie. *e.* 213
— de Figaro, ou Noces de Figaro. *d.* 122 *et suiv.*;

130, 165, 227 *et suiv.*, 231, 251, 262, 309; 318; *e.* 8, 124, 189

Mariage de Julie, comédie de Saurin. *c.* 290

— des Protestans. (sur le) *a.* 283

— secret, comédie. *e.* 204

Mariages Samnites, opéra de Rosoi, musique de Grétry. *a.* 380

Mariamne, roman. *b.* 32

Marie de Brabant, tragédie. *e.* 354

MARIE-THÉRÈSE. *c.* 245, 343

MARIN. *a.* 11, 341

Marins, (les) ou le médiateur mal-adroit, comédie de Desforges. *d.* 140

Maris corrigés, (les) comédie de Lachabeaussière. *c.* 283 *et suiv.*

Marius, tragédie de Caux. *e.* 345

— à Minturnes, tragédie d'Arnault. *f.* 97

MARIVAUX. *a.* 347; *c.* 114

MARMONTEL. *a.* 27 *et suiv.*, 63, 72, 95, 136, 138, 188, 200, 211, 226, 329, 339, 391, 393; *b.* 23, 30, 45, 60, 74, 83, 102, 107, 113, 116, 120, 134, 138, 150 *et suiv.*, 161, 171, 177, 196, 204, 207, 250, 252, 345, 393, 402, 405; *c.* 5, 36, 55, 102, 150, 224, 366; *d.* 145, 146, 181 *et suiv.*, 184, 187, 198, 248, 264; *e.* 1, 2, 19, 101, 132, 248, 315, 347; *f.* 18, 79

MARNÉSIA. *d.* 224; *e.* 90

Marquis de Cressy, (le) roman. *b.* 32

Marseille rendue, tragédie. *e.* 265

MARSOLLIER DES VIVETIÈRES.   d. 83 ; e. 346, 360
MARSY. (l'abbé DE)   b. 387
MARTELLI.   f. 13
MARTINI.   d. 194
MASSILLON.   a. 331 ; b. 263, 265 ; d. 53, 105
MASSON DE MORVILLIERS.   c. 53, 68
MAUGÉ.   d. 208
MAUGRIS. *Voyez* CHABANON.
MAUPEOU. (le chancelier) a. 235, 293 ; b. 257 ; c. 10 ;
d. 16 ; f. 43
MAUPERTUIS.   e. 86
MAUREPAS. (le comte DE)   b. 103, 414 ; e. 189
MAURY. (l'abbé) b. 98 ; d. 217, 281, 293 *et suiv.*;
307, 310 ; e. 99
Mazarinades. (les)   e. 270
Mécanisme des langues, par le président Des Brosses.
b. 88
Méchant, (le) comédie de Gresset. c. 284, 285, 360 ;
d. 171, 190
Médecin de l'amour, comédie.   d. 156
Médée, tragédie de Clément,   b. 323, 337
—— de Longepierre.   b. 338
— ballet.   a. 311 ; d. 236
MEILHAN. *Voyez* SÉNAC.
Mélanges de M. de Voltaire.   c. 275
Mélanges tirés d'une grande bibliothèque.   b. 389
Mélanie, drame. a. 143 ; c. 269 ; d. 57, 126 ; e. 390
Melcour et Verseuil, comédie.   e. 13, 130
Méléagre, tragédie de Lagrange-Chancel.   e. 286

Méléagre, tragédie de Lemercier. *c.* 286

Mémoire justificatif pour trois hommes condamnés à la roue, par Dupaty. *e.* 76, 222

Mémoires d'Ab. Chaumeix, par A. Morellet. *a.* 182; *d.* 330

— d'Anne de Gonzague, princesse palatine, *e.* 54

— de Beaumarchais. *e.* 8

— de l'Académie des Sciences, par Fontenelle. *c.* 265

Mémoire de l'Acad. des Sciences sur le salpêtre. *b.* 5

Mémoires de Mme de Maintenon, publiés par Labeaumelle. *a.* 242

— de Martin Scribler, par Pope. *a.* 182; *d.* 330

— de J. J. Rousseau. *b.* 260, 292

— (nouveaux) de J. J. Rousseau. *e.* 71

— de Saint-Simon. *e.* 141, 149

— du comte de Saint-Germain. *b.* 413

— du maréchal de Berwick. *b.* 289

— du maréchal de Noailles. *b.* 79, 105

— Littéraires, par Palissot. *a.* 134

— pour servir à l'histoire de ma vie, par Voltaire. *d.* 105, 239

— secrets de Bachaumont. *e.* 141

— sur Christine. *d.* 177

— sur la Bastille, par Linguet. *d.* 118

— sur le militaire de France. *b.* 414

— sur les actions des eaux de Paris, par Mirabeau. *e.* 271

— sur les Chinois, in-4.º *b.* 5

— sur les Turcs, par M. de Tott. *d.* 299

Mémoire sur Voltaire. (nouveaux) *d.* 325

MENAGEOT, peintre. *e.* 272

Ménechmes, comédie. *d.* 2; *e.* 124

MENTHE. (la femme) *d.* 141

Menzicoff, tragédie de La Harpe. *a.* 115, 117, 126, 144, 290

Méprises par ressemblances, (les) comédie de Patrat. *e.* 124

MERCIER. (L. S.) *a.* 31, 32, 47, 48, 67, 125, 129, 184, 195, 362, 392, 395, 402; *b.* 55, 274; *c.* 202, 251, 380; *e.* 155

Mercure, (le) journal. *a.* 339; *b.* 9, 22, 250, 299, 400; *c.* 5, 393

MEREAUX, musicien. *b.* 134; *d.* 159

Mère rivale, (la) comédie par Mme de Genlis. *b.* 199

Merlin, bel-esprit, comédie de Dorat. *c.* 71

Mérope, tragédie. *a.* 378; *b.* 283; *d.* 74; *e.* 16

Mes erreurs, par Dorat. *a.* 308

Mes fantaisies, par Dorat. *a.* 308; *c.* 70

MESMER. *d.* 232, 266, 268

Mes pensées, par Labeaumelle. *a.* 239

Mes torts, par Dorat. *a.* 308

Mes torts, (nouveaux) par Dorat. *a.* 306

MESSIER, de l'Académie des Sciences. *a.* 97

Métamorphoses d'Ovide, trad. par St-Ange. *e.* 186

MÉTASTASE. *b.* 333; *d.* 181; *e.* 23

Métromanie, (la) comédie de Piron. *a.* 42, 354; *c.* 284

Michau de Monblin. *c.* 225

Michel et Michau, poëme de Turgot. *c.* 224, 225

Mignot. (l'abbé) *b.* 212, 244, 247

Millin Grandmaison. *f.* 45

Millot. (l'abbé) *b.* 79, 195; *d.* 329

Milton. *a.* 34; *b.* 305

Ministre d'État, (le) drame. *d.* 34

Mirabeau père. *a.* 150; *b.* 137; *d.* 77

— fils. *d.* 77; *e.* 191, 271 *et suiv.*, 335 *et suiv.*, 357, 400 *et suiv.*; *f.* 100, 106

Mirabeau à son lit de mort, (et non : *à ses derniers momens*) comédie de Pujoulx. *f.* 109, 110

Mirabeau aux Champs-Élysées, comédie par Mme de Gouges. *f.* 109, 110

Mirepoix. (la maréchale de) *b.* 85

Miromesnil, (Hue de) garde des sceaux. *e.* 99

Mirza et Fathmé, roman. *c.* 290

Misanthrope, (le) comédie de Molière. *a.* 40; *c.* 286

Misapouf. *Voyez* Sultan.

Mœurs du temps, (les) comédie. *a.* 66; *c.* 289

Mois, (les) poëme de Roucher. *a.* 119; *c.* 55, 62 *et suiv.*, 381; *e.* 92

Moissonneurs, (les) opéra de Favart. *c.* 154

Molé, comédien. *b.* 25, 149, 225, 310; *c.* 114, 164, 272; *d.* 215, 327; *e.* 74, 175, 284

Molé, (statue de Matthieu) par Gois. *e.* 31

Molière. *a.* 41; *b.* 345, 351; *c.* 202, 285, 293, 323, 361; *d.* 111, 122, 149, 216; *e.* 74, 124, 185

Molière, drame de Mercier. *a.* 402

Molière à la Nouvelle Salle, comédie. *c.* 351, 357, 367; *d.* 151

MOLINE, auteur d'Orphée et de la parodie. *b.* 178

MONBLIN. (MICHAU DE) *Voyez* MICHAU.

Monde primitif, par Court de Gebelin. *c.* 69

Mon dernier mot, satire de Clément. *a.* 135

MONDONVILLE, musicien. *b.* 152

MONGE. *e.* 101

MONNET. *d.* 151

Mon Odyssée, poëme par Robbé. *a.* 392

Monrose et Amélie. *d.* 160

MONSIEUR, frère du roi. *b.* 256; *e.* 100

Monsieur Cassandre, drame burlesque. *a.* 126

MONSIGNY, musicien. *a.* 210, 244; *b.* 152; *d.* 292

MONTAGNE. (Michel DE) *a.* 206, 308

MONTAGNE, de Limoges. *a.* 98

MONTALEMBERT. *b.* 5

MONTANSIER. (Mlle) *b.* 236

MONTAUSIER. (le comte DE) *c.* 261

— (statue du duc DE) *c.* 272

MONTAZET, (MALVIN DE) archev. de Lyon. *e.* 178, 332

MONTESQUIEU. *a.* 206, 214, 228, 278; *b.* 289, 306; *d.* 196

MONTESQUIOU. *d.* 99, 217, 238, 240; *e.* 86, 100, 207, 389

— FESENZAC. (Mme) *d.* 162; *e.* 86, 390

MONTESSON. (Mme DE) *b.* 199, 228, 254; *d.* 125, 322, 327

Montgolfier. *d.* 189
Monthyon. *c.* 155, 156
Montmorin. (le marquis de) *e.* 100
Monvel. *b.* 54, 117, 147, 220, 308, 320, 385; *c.* 162, 264, 327; *d.* 134, 150, 292; *e.* 89, 125, 179, 352; *f.* 31, 107
Mora, (le comte de) Espagnol. *a.* 387
Moralistes anciens. (collection des) *c.* 348
Morangies. *a.* 1 et suiv.; *b.* 4
Moreau, avocat, auteur de l'observateur hollandais. *b.* 257
Morel, architecte-paysagiste. *a.* 366; *b.* 106
Morel, auteur dramatique. *d.* 194, 208, 292, 318, 319, 326; *e.* 80, 352; *f.* 39
Morellet. *a.* 79, 92, 96, 103, 176, 181, 187, 195; *b.* 153, 177, 178, 189, 278; *c.* 224; *d.* 329; *e.* 18
Morichelli. (M.me) *f.* 95
Morning Chronicle. (extrait du) *d.* 38
Mort d'Abel de Gessner. *b.* 191
Mort d'Adam, tragédie de Klopstock. *d.* 33; *e.* 20
— par M.me de Genlis, imité de Klopstock. *e.* 20
Mort de Coligny, tableau de Suvée. *e.* 118
Mort de Socrate, tableau de David. *e.* 116
Mort de Socrate, tragédie de Sauvigny. *b.* 237; *d.* 116
Mort de Socrate, tragédie de Voltaire. *f.* 76
Mort marié, opéra. *d.* 1
Mouhy. (le chevalier de) *c.* 248
Mounier. *e.* 399
Mouret. *a.* 100

Moussinot. (l'abbé) c. 247, 249
Moutonnet. b. 3
Murville. (André de) a. 408 ; b. 258 ; d. 314 ; e. 13, 130, 308, 310 ; f. 56, 80
Musée de Paris. e. 100
Muses, (les) opéra de J. J. Rousseau. a. 204
Muses rivales, (les) comédie de La Harpe. b. 340 ; c. 353, 367
Mustapha, tragédie de Maisonneuve. *Voyez* Roxelane et Mustapha.
Mustapha et Zéangir, tragédie de Champfort. a. 404 ; b. 15, 57, 124, 183, 193, 205 ; c. 216, 260 ; e. 17
Muy. (le maréchal de) a. 370 ; b. 414

N.

Nadir. *Voyez* Thamas Koulikan.
N.*** (Naigeon) b. 234, 235 ; c. 302, 348
Nanine, comédie de Voltaire. b. 384
Nanine. c. 35
Narbonne. (le chevalier de) a. 318
Narcisse, opéra. *Voyez* Echo et Narcisse.
Natalie, drame de Mercier. a. 184 ; e. 155
Nature, (la) poëme de Lebrun. e. 134
Nature champêtre, (sur la) poëme de Marnesia. e. 90
— (Fragmens du poëme sur) e. 92
Necker. a. 147, 159, 175, 187, 195, 345 ; b. 129, 157 ; c. 187, 188, 204 *et suiv.*, 210, 211, 228, 235, 256 ; d. 284 ; e. 187, 188, 339, 400

Necker. (M.me) *a.* 63; *b.* 144, 204
Nécrologe. (le) *a.* 372
Négociant, (le) ou le bienfait rendu, comédie de Dampierre. *d.* 147
Négresse, (la) ou le Pouvoir de la Reconnaissance, par Radet et Barré. *e.* 168
Nephté, opéra. *e.* 352
Neuvaine de Cythère, par Marmontel. *b.* 151
Neuville. (le P.) *b.* 265
Nicaise, opéra. *d.* 151
Nicodéme dans la lune, pièce du Cousin Jacques. *f.* 95
Nicolai, (le président de) *e.* 311; *f.* 51
Nicolet. *d.* 115
Nina. *e.* 213, 346
Ninette à la Cour, opéra. *a.* 179; *c.* 324
Nivernois. (le duc de) *a.* 220; *b.* 77, 85; *c.* 330, 396; *d.* 132, 243, 296, 307; *e.* 115
Noailles. (le maréchal de) *a.* 111; *b.* 79
Noblesse commerçante, (la) par l'abbé Coyer. *d.* 47
Noces de Figaro. *Voyez* Mariage.
Noces housardes, comédie de Dorvigny. *c.* 49
Noé, (Marc-Antoine) évêque de Lescar. *b.* 42
Noel. (l'abbé) *e.* 186, 294; *f.* 44
Nord. (comte du) *Voyez* Paul premier.
Noverre. *a.* 311; *b.* 9, 17, 28, 58, 71; *c.* 116
Nougaret. *b.* 138
Nouveau d'Assas, (le) (Desilles) opéra de Dejaure et Lebreton. (Théâtre italien.) *f.* 2

Nouvel Abailard. *b.* 270
Nouvelle Héloïse. *a.* 211
Nouvelles de Florian. *d.* 259
Nouvelles historiques, par Arnaud. *a.* 31; *c.* 221
Nuits d'Young, par Colardeau. *b.* 357
— par Letourneur. *c.* 110
Numa Pompilius, par Florian. *e.* 200
Numitor, tragédie de Marmontel. *d.* 146

O.

OBREMEZ, trad. d'Homère. *d.* 326
Observateur hollandais. (l') *b.* 257
Observations, journal de l'abbé Desfontaines. *a.* 338
Observations sur les fosses d'aisance, par Cadet. *b.* 307
Oculiste, (l') conte de Boufflers. *c.* 275
Ode sur la mort héroïque du duc de Brunswick. *e.* 313
Odmar et Zulna, tragédie de Maisonneuve. *e.* 76
Odyssée, trad. par Bitaubé. *d.* 326
Œdipe à Colonne, de Sophocle. *b.* 314; *d.* 66; *e.* 135
— Opéra de Guillard. *e.* 137
Œdipe chez Admète, tragédie de Ducis. *b.* 314, 323; *c.* 199; *d.* 76; *e.* 135; *f.* 67
Œuvres de Bernard de Palissy. *b.* 100
— de Bernis. *c.* 230
— de Bordes. *d.* 95

OEuvres de Boufflers. c. 274; d. 87
— de Colardeau. b. 134
— de Dubelloy. b. 376
— de Saint-Foix. b. 194
— de Parny. b. 207
— dramatiques de Bret. b. 253
— de Villette. d. 87
— de Voisenon. c. 321 et suiv.
Officieux, (l') comédie. c. 133
OGNY. (D') b. 93
OLAVIDÈS. b. 345
OLIVET. (l'abbé D') d. 312
Olivier, poëme, par Cazotte. a. 389
OLIVIER, (M.lle) actrice. d. 170
Olympiade (l') de Sacchini. b. 27, 174
Omphale, (la nouvelle) opéra. d. 46
Oncle et les Tantes, (l') comédie. e. 90
On ne s'avise jamais de tout, opéra de Sedaine. a. 46
Optimiste, (l') ou l'Homme content de tout. e. 283, 367
Oracle, (l') comédie de Saint-Foix. a. 419; b. 194
Oraison funèbre de Claude Léger, par l'évêque de Senez. c. 267
——— de Marie-Thérèse, par l'abbé Boismont. c. 245, 343
Oreste, tragédie de Voltaire. b. 39, 286
Origine des Graces, (l') par M.lle Dionis. b. 207
Origines des lois, des arts et des métiers. 6 vol. b. 207
Orlando, de l'Arioste, trad. par Cavailhon. b. 137

Orlando, de l'Arioste, trad. par Mirabeau. *b.* 137
ORLÉANS. (le duc D') *a.* 293; *b.* 57
— (le régent.) *d.* 54
Orphanis, tragédie. *c.* 132
Orphée, opéra de Moline. *a.* 25, 33, 149, 178, 184, 297, 358, 360, 410; *b.* 59, 60, 71, 83, 170, 255, 303; *d.* 143
Ossian, trad. par Letourneur. *b.* 42
Othello, tragédie de Shakespeare. *d.* 66
OTWAY, auteur anglais. *b.* 21; *d.* 120

P.

PAÉSIELLO. *b.* 262; 304; *e.* 9
PAJOU, sculpteur. *c.* 272; *e.* 30
PALISSOT de Montenoy. *a.* 129, 130, 181; *b.* 30, 40, 50, 80, 251, 306; *c.* 284, 353, 357, 383, 397; *d.* 239, 330; *e.* 90, 135, 166, 356; *f.* 42
Paméla. (Mlle) *c.* 146
PANCKOUCKE, libraire. *b.* 250, 296, 299, 400; *c.* 302; *e.* 170
PANNARD. *d.* 111
Panurge dans l'isle des Lanternes, opéra. *d.* 292, 326
Paradis perdu, traduit par Dupré. *a.* 34
— *Idem*, par Beaulaton. *b.* 305
PARANGUE. *c.* 356
Parapilla. *d.* 98
PARIS. *Voyez* DUVERNEY.

Paris sauvé, drame. *Voyez* Marcel et Maillard.
Pâris, tableau de Giroust. e. 120
Parisot ou Pariseau. d. 112
Parny. (Evariste) b. 207, 421; c. 11, 13, 291;
d. 143, 210
Parodies. a. 177, 178
Partie de Chasse d'Henri IV. a. 24
Pascal. b. 351
— (Statue de) c. 272; e. 30
Pasquier. c. 186
Passions du jeune Werther. b. 191
Patercule. d. 15
Patrat. d. 156, e. 125
Paul premier, (alors Grand-Duc). c. 25, 365
Paul. (l'abbé) a. 50
Paul et Virginie, roman. f. 78
— Opéra de Favières. f. 78
Pauline, fille entretenue. e. 20
Pauline et Valmont, comédie de Bodard. e. 168
Paulmy. (le marquis de) b. 389; e. 76, 120
Pauvre Diable. (le) c. 224, 385
Payne. d. 89
Paysan Magistrat, ou il y a bonne justice, comédie
de Collot-d'Herbois. e. 76, 120
Paysan perverti, par Rétif. a. 300, 392, 395; b. 138,
270
Paysanne pervertie. b. 138
Pechmeja. a. 18; b. 141; d. 221
Peinture, (la) poëme de Lemierre. b. 320, 387

Peinture, (la) poëme de Marsy.	b. 387
— de Vatelet.	a. 49
PELLEGRIN. (l'abbé)	d. 84
PELLETIER.	b. 305
PELISSIER, actrice de l'opéra.	e. 84
Pélopides, (les) tragédie de Voltaire.	b. 298
Pénélope, opéra.	e. 1 et suiv., 23
Pensées de Pascal.	a. 415
Pensées philosophiques, par Diderot.	a. 190
PENTHIÈVRE. (le duc DE)	d. 2, 11, 166
Père de Famille, (le) drame, par Diderot.	a. 45, 66, 193; c. 349
Perfidies à la mode, (les) comédie de Colardeau.	b. 356
PERGOLÈZE.	a. 257, 299
PERRIER. (MM.)	e. 270
Péronne sauvée, opéra.	d. 113
Perse, trad. par Sélis.	a. 367
Persée, opéra.	c. 150
Persiffleur, (le) comédie.	b. 237; d. 116
PESLIN, (M.lle) danseuse.	b. 60
PETIT, médecin.	f. 110
PETIT DE LACROIX.	c. 273
Petites Lettres, par Palissot.	a. 132
Petit Prophète, de Grimm.	a. 182; b. 263
Pétréide, (la) poëme de Thomas.	e. 12, 43
PEYRAUD DE BEAUSSOL.	a. 203, 223, 224, 231
PEZAY.	a. 23, 171, 173, 180; d. 56
Phèdre, tragédie.	c. 2; e. 97, 98

Phèdre, opéra, paroles d'Hoffmann. *e.* 98, 352

Philémon et Baucis, pastorale. *a.* 271, 274

Philidor. *a.* 36, 127, 210; *b.* 128, 152; *c.* 150; *e.* 23, 80

Philinte de Molière, (le) ou la suite du Misanthrope, comédie. *f.* 24

Philippiques, (les) par Lagrange-Chancel. *e.* 286

Philipon-de-la-Madelaine. *d.* 195, 218

Philoclée, tragédie de Dorat. *c.* 81

Philoctète, tragédie de La Harpe. *c.* 132; *d.* 18, 126, 145, 188

Philosophes, (les) comédie. *a.* 133, 420; *b.* 30, 80; *c.* 284, 358 *et suiv*, 383

Philosophe sans le savoir, (le) comédie de Sedaine. *a.* 47, 66

Phips. *c.* 75

Piccini. *b.* 45, 74, 84, 115, 153, 168, 174, 182, 230, 249, 250, 255, 262, 263, 303, 322, 393; *c.* 27, 55, 151, 191 *et suiv.*, 201, 297; *d.* 86, 145, 159, 160, 181, 187, 265; *e.* 1, 2, 24

Pièces intéressantes et peu connues, recueillies par Duclos. (par Delaplace) *c.* 203

— (meilleures) du théâtre allemand. *d.* 30

Pièces oubliées à l'académie, brochures. *b.* 4

Pierre-le-Cruel, tragédie. *a.* 113; *c.* 112, 113, 119

Pierre. (le Czar) *c.* 15; *e.* 12

Pierre-le-Grand, tragédie de Dorat. *c.* 19, 39, 49, 81

Pieyre, de Nimes. *e.* 165

Pigal. *d.* 150

Piis. (Auguste) *c.* 116, 118, 154, 242, 398; *d.* 50, 116, 153; *e.* 36 *et suiv.*, 97

Pilatre du Rozier. *d.* 189; *e.* 100

Pindare. (traduction de) *b.* 124

Piron. *a.* 41, 267, 354; *b.* 42; *c.* 285; *d.* 116

Pitra. *d.* 208

Pitt, élève de Noverre. *b.* 28

Pizarre, opéra. *d.* 323, 333

Plaideurs. (les) *c.* 349

Pline le Naturaliste. *a.* 145, 363

— traduit par Gueroult. *d.* 323

— traduit par Poinsinet de Sivry. *e.* 174

Plutarque Français, par Turpin. *c.* 220

Poëme sur la musique, par Marmontel. *b.* 151 *et suiv.*, 161, 171

— Fragmens dudit. *b.* 162, 163, 171, 402, 405, *c.* 56

Poésies diverses et Lettres de J. J. Rousseau. *b.* 323

Poésies diverses insérées dans les six volumes. Anonymes. *b.* 157, 213, 221, 222, 224, 259, 266, 294, 310, 311, 340; *c.* 51, 104, 254, 301, 306; *e.* 114

— d'Alco. *b.* 180

— de Andrieux. *f.* 14 *et suiv.*

— de Berquin. *b.* 233

— de Boismont. *c.* 386

— de Bonnard. *b.* 54, 362

— de Bonneville. *f.* 48

Poésies diverses de Bordes. *d.* 96, 97
— de Boufflers. *b.* 85; *c.* 230
— de Mme Boufflers. *b.* 265, 266, 294; *c.* 51, 305, 306
— de Collin-d'Harleville. *c.* 129
— de Mme Damas. *c.* 344
— de Delille. *b.* 346; *e.* 92
— de Desperroux. *e.* 59
— de Doigny. *c.* 198
— de Dorat. *c.* 11, 15, 126
— de Mme du Châtelet. *c.* 394
— de Dureau-Delamalle. *a.* 327
— de Florian. *d.* 128, 166, 283; *e.* 31
— de Fontanes. *d.* 143, 281
— de François de Neufchâteau. *b.* 215
— de Gresset. *c.* 139
— de Mme d'Hautpoult. *b.* 119, 120
— de Mme d'Houdetot. *b.* 227
— de Mme du Châtelet. *c.* 294
— de Labletterie. *c.* 287
— de Laclos. *b.* 129, 333
— de la Fare. *b.* 340
— de la Harpe. *a.* 128, 259, 297; *b.* 147, 226, 359, 374, 383, 390, 395, 420, 424; *c.* 40, 52, 53, 77, 78, 228, 247, 270, 368; *d.* 17, 131, 154; *e.* 343, 390
— de Lebrun. *b.* 279
— de Legrand. *b.* 136
— de Lemierre. *c.* 362, 364

ALPHABÉTIQUE.

Poésies diverses de Mme de Lenoncour. c. 222
— de Marmontel. (*Voyez* aussi Poënie.) e. 350
— de Masson de Morvilliers. c. 53, 54
— de Montesquieu. d. 99; e. 87
— de Nivernois. b. 85; d. 132
— de Parny. b. 421; c. 13, 291
— de l'abbé Porquet. a. 306; d. 64
— de Rivarol. d. 3
— de Robbé. d. 100
— de Rulhières. c. 34; d. 99
— de Saint-Lambert. c. 133, 294
— de Sainte-Palaye. a. 220
— de Schowalow. b. 394, 421
— du vicomte de Ségur. d. 158
— de Mlle Sivry. d. 125, 131, 132
— de Target. b. 70
— de Touraille. b. 339
— de Tressan. c. 6, 35, 41, 233, 294, 295; d. 65
— de Turgot. c. 225 et suiv.
— de Villette. b. 172; c. 76
— de Voltaire. a. 146, 260, 301, 398, 405, 415, 420; c. 35, 46, 129, 137, 138
— de Yart. a. 408
Poésies fugitives de Lemierre. c. 361
— sacrées de Pompignan. d. 203
Poétique de Marmontel. a. 28
Poinsinet. a. 135; b. 128
Poinsinet de Sivry. a. 363; e. 174
Pompadour. (Mme de) a. 29; b. 283; c. 226, 231

POMPIGNAN. *d.* 181, 200, 239, 275, 281, 293 et suiv.

PONIATOWSKI.	*a.* 277
PONT DE VEYLE.	*a.* 347; *c.* 144 *et suiv.*
PONTEUIL. (P**)	*a.* 255; *b.* 385
Pornographe, par Rétif.	*a.* 301
PORQUET. (l'abbé)	*a.* 306; *c.* 280; *d.* 60
Porteur de chaises, comédie.	*b.* 320
Poste de Paris, (la) journal.	*b.* 50
POULLAIN DE SAINT-FOIX.	*a.* 418; *b.* 9, 54, 194
POULLE. (l'abbé)	*b.* 263
POULTIER, huissier.	*e.* 131
PRADON.	*d.* 44
PRASLIN. (le duc DE)	*a.* 138

Préjugé à la mode, (le) comédie de Lachaussée. *a.* 42; *c.* 283

Présomptueux, (le) ou l'Heureux imaginaire, comédie. *e.* 344

PRÉVILLE. *c.* 206; *d.* 146, 231; *e.* 99, 204; *f.* 96
— (Mme) *e.* 204
PRÉVOST. (l'abbé) *b.* 32, 125; *c.* 74, 75, 282
Priam aux genoux d'Achille, tableau de Doyen. *e.* 118

PRIESTLEY.	*b.* 99
Prince jaloux, (le) comédie.	*d.* 216
Printemps, (le) comédie-vaudeville.	*c.* 242
Prisonnier anglais, (le) opéra.	*e.* 154

Prix d'éloquence et de Poésie à l'Académie française. *a.* 147, 229, 408, 416; *b.* 141, 416; *c.* 256, *d.* 255; *e.* 186, 374 *et suiv.*; *f.* 44

Prix d'encouragement fondé par M. de Valbelle.
  c. 69; d. 218; e. 130, 186
Prix de vertu. d. 141 (Eloire); e. 131 (Poultier);
  e. 186 (Vasseul); e. 312 (Lablonde).
Prix d'utilité. c. 155; d. 63, 218; e. 130, 187
Prix extraordinaires. c. 155, 261; d. 199; e. 315,
  316, 331, 374; f. 44
Procès de Socrate, (le) ou le régime des anciens
  temps, drame de Collot-d'Herbois. f. 76
Professeurs du Lycée. e. 101
Progrès de la civilisation. d. 58
Prôneurs, (les) comédie de Dorat. a. 203; b. 80
Prophètes. (traduction des) b. 66
Proserpine, opéra. b. 45
Prospectus des OEuvres de Voltaire. c. 188
Prospectus du dictionnaire de commerce. d. 330
Provençale, (la) acte de ballet. a. 100
Prud'homme. f. 57
Psyché, (statue de) par Pajou. e. 31
Puisieux, ministre d'Etat. a. 21
Puységur. d. 233, 270
Pygmalion, par J. J. Rousseau. a. 280; b. 54; d. 117
— mis en vers, par Berquin. a. 125, 187
Pyrame et Thysbé, mélodrame. d. 116
Pyrrhus, tragédie de Crébillon. e. 272

Q.

Queissat.	b. 361, 388
Querlon.	a. 134, 368
Quesnay, médecin.	a. 160, 162
Qu'est-ce que le tiers? broch.	e. 372
Question de droit public.	e. 371
Quinault.	b. 45, 75, 250, 302, 335; c. 150, 191, 325; e. 3
Quintilien.	d. 9
Quintin. (Mme de)	a. 64
Quinzaine de Paris.	c. 1

R.

Rabaud de Saint-Etienne. e. 341, 371

Racine. (Jean) a. 346, 362, 376, 417; b. 134, 180, 196, 307, 326, 344, 401; c. 252; d. 146, 178, 203

Radonvilliers. (l'abbé) b. 342, 343, 344; e. 373; f. 100

Ramazzini. b. 138

Rameau. a. 287, 296; b. 115, 170, 230, 301, 303; d. 265

Ramon, trad. de Coxe. c. 295, 296

Raoul barbe-bleue, opéra. f. 37

— Sire de Créqui. e. 352

Rapport des Commissaires de l'Académie des Sciences, sur les inconvéniens et les abus de l'hôpital de l'Hôtel-Dieu. *e.* 126

Raton et Rosette, opéra. *a.* 179

RAUCOURT. (Mlle R.***) *a.* 216, 281, 392, 394; *b.* 415; *c.* 2, 3, 327

Raymond, comte de Toulouse, ou le Troubadour, comédie. *e.* 354

RAYNAL. *a.* 17, 20; *b.* 329; *c.* 235 *et suiv.*; *d.* 89, 221; *e.* 176

Réception à l'Académie Française, de MM.
- Bailly. *d.* 212
- Barthélemy. *e.* 379
- Boisgelin. *a.* 329
- Boufflers. *e.* 331
- Chabanon. *c.* 48
- Champfort. *c.* 259
- Chatelux. *a.* 164, 169
- Choiseul-Goutfier. *d.* 212
- Condorcet. *c.* 329
- Ducis. *b.* 342
- Duras. *a.* 164, 169
- Florian. *e.* 268
- La Harpe. *a.* 371
- Lamoignon-Malesherbes. *a.* 103
- Lemierre. *c.* 195
- Maury. *d.* 293
- Millot. *b.* 195
- Montesquiou. *d.* 240
- Morellet. *e.* 18

Rulhières. *e.* 218
Target. *d.* 307
Tressan. *c.* 195
Vicq-d'Azyr. *e.* 322

Recueil des airs de Laborde. *a.* 273
Réduction de Paris par Henri IV, drame de Durosoy. *a.* 270
—— par Desfontaines. *c.* 169
Réflexion d'un citoyen non-gradué. *e.* 78
Réflexions philosophiques sur le plaisir. *d.* 88
Réflexions philosophiques sur le poëme de la loi naturelle; par Thomas. *a.* 139
Réflexions sur la liberté d'imprimer, par l'abbé Morellet. *a.* 79
Réflexions sur la Pucelle d'Orléans, par Gaillard. *e.* 132
Réflexions sur les Confessions de J. J. Rousseau, par Servan. *d.* 206
Réflexions sur Montesquieu, par Dorat. *b.* 66
Réformes de l'Amour, (les) pièce de vers, par Dorat. *a.* 379; *b.* 66
REGANHAC, traducteur d'Horace. *c.* 303
REGNARD. *a.* 41; *d.* 50
Régulus, tragédie de Dorat. *b.* 14; *c.* 85
Reine de Golconde, conte de Boufflers. *c.* 274
Relation de la mort et de la confession de M. de Voltaire, brochure par Selis. *a.* 369
REMY. (l'abbé) *b.* 141, 186, 251
REMY, ami de d'Alembert. *d.* 176

Renaud, opéra. *d.* 86; *e.* 24
Renaud-d'Ast, opéra de Barré et Radet. *e.* 168
Renaud cadette. (Mlle) *e.* 34, 168, 347
Rendez-vous du mari, (le) comédie. *f.* 80
Réponse de Ninon à l'épître du comte Schowalow. *a.* 57
Réponse à l'archevêque de Paris. *a.* 214
Réponse sérieuse à M. Linguet, par l'abbé Morellet. *a.* 181
Réputations, (les) comédie de Bièvre. *e.* 74
Réquisitoire de Séguier, contre le Mémoire de Dupaty. *e.* 122
Resnel. (du) *d.* 141
Rétif de la Bretonne. *a.* 300, 392, 395; *b.* 270; *c.* 252, 366
Retour imprévu, comédie de Regnard. *b.* 310
Réveil de Thalie. *d.* 111
— d'Epiménide, comédie. *e.* 350
Rêveries renouvellées des Grecs. *b.* 399
Révolutions de Paris, (Journal) *f.* 57
Révolutions de Pologne, par Rulhières. *f.* 101
Révolution de Russie, par Rulhières. *a.* 143; *f.* 102
Reynière. *Voyez* Grimod.
Rhadamiste, tragédie. *b.* 10, 284, 316
Riccoboni. *d.* 111
Riccoboni. (Mme) *b.* 32, 149, 321
Richard cœur de lion, opéra. *d.* 267, 332; *e.* 213
Richard III, tragédie. *c.* 251; *d.* 129
Richardet. *a.* 389

Richardson. c. 329 ; d. 221.
Richelieu. (le cardinal de) c. 9
Richelieu. (le maréchal de) b. 309 ; c. 4 ; e. 311
Richer, chanteur. b. 177
Rigoley de Juvigny. a. 38, 354
Rigueurs du cloître, opéra de Fiévée. f. 56, 107
Rillet. (M.me) a. 259
Riuperous. d. 234
Rival par ressemblance, comédie de Palissot. a. 133
Rivarol. d. 3, 260 ; e. 206, 287
Rivaux, (les) comédie d'Imbert. e. 152
Robbé. a. 390 ; d. 100
Robert, aréonaute. d. 189
Robert, peintre. a. 266, 268 ; b. 77, 160 ; e. 119
Robertson. b. 88 ; 276 ; d. 60
Robin. (l'abbé) d. 29
Robineau surnommé Beaunoir. d. 261
Rochambeau. d. 29
Rochefort. b. 51 ; c. 239, 354 ; d. 317, 322
Rochon de Chabannes. b. 368 ; c. 160, 161 ; d. 215 ; e. 166, 173, 352
Roger-bon-temps et Javotte, parodie d'Orphée. b. 324
Rohan. (la princesse de) e. 113
Roi de Cocagne. c. 206
Roi de Prusse. *Voyez* Frédéric.
Roi de Suède. b. 324 ; d. 238, 240
Roi de la Fève, (le) comédie. a. 63
Roi Léar. (le) d. 51, 66 *et suiv.*, 83, 104, 112, 126, 129, 141, 192, 193

Roi Lû, parodie du Roi Léar. *d.* 112, 129
Roland, opéra. *b.* 45, 74, 84, 115, 171, 174, 177,
    182, 230, 303, 372; *c.* 191, 297; *e.* 24
Romances de Berquin. *b.* 3
Romances extraites d'Estelle, par Florian. *e.* 31,
    210, 211
Romans, (les) opéra-ballet de Fuzelier. *a.* 403, 410
Roméo et Juliette, tragédie de Shakespeare. *b.* 278
    Idem. *Idem.* de Ducis. *b.* 279, 316
Rome sauvée, tragédie de Voltaire. *b.* 282, 379
Roquelaure, évêque de Senlis. *a.* 303
Rose, danseuse. *e.* 98
Rose, (la) opéra de Piron. *a.* 354
Rose, ou la suite de Fanfan et Colas, comédie par
    Mme de Beaunoir. *e.* 13
Rose et Colas, opéra. *a.* 46
Roséide, comédie de Dorat. *c.* 3, 19, 49, 87
Rosina, chanteuse. *b.* 262
Rosoi. (DE) *a.* 24, 39, 270, 380; *b.* 347; *c.* 327;
    e. 184
Rosset. *d.* 102
Rotrou. *b.* 381
Roubaud. (l'abbé) *e.* 202
Roucher. *a.* 119; *c.* 55, 67, 381; *e.* 92, 161, 200
Rousseau. (J. B.) *c.* 326; *d.* 106, 203, 325
Rousseau. (J. J.) *a.* 25, 26, 190, 204, 283, 341;
    b. 2, 59, 144, 260, 263, 292, 300, 323, 370;
    c. 121, 315, 347, 372 *et suiv.*, 383; *d.* 117; *e.* 71;
    f. 109

Rousseau juge de Jean-Jacques. c. 121
Rousseau, vitrière. d. 175
Roussel, médecin. a. 303
Rovedino, chanteur. e. 266; f. 94
Royaume mis en interdit, (le) tragédie de Gudin.
a. 404
Royou. (l'abbé) c. 166, 270
Rozanie, comédie. c. 133
Ruault, libraire. b. 274
Rulhières. a. 23, 50, 91, 143; c. 54; d. 99; e. 126, 158, 176, 218; f. 51, 99, 101 et suiv.
Rupture, (la) comédie. b. 27
Ruse contre ruse. *Voyez* Guerre ouverte.
Ruses de l'amour, (les) comédie. b. 71
Ruth, églogue de Florian. d. 253, 259
Ruth, par Mme de Genlis. e. 19
Rutlidge. c. 1

S.

Sabatier. a. 134; c. 166
Sabinus, opéra. e. 308
Sablier. b. 82
Sabran. (Mme de) c. 277
Sacchini. a. 256; b. 27; d. 86, 145, 207, 265; e. 24, 135, 178
Saisons. (de Saint-Lambert) c. 391, 392; e. 92
Saint-Aignan. (le duc de) a. 331, 353
— (la duchesse.) c. 208
Saint-Amand. b. 27

Saint-Ange. *Voyez* Fariau.
Saint-Aubin. (Mme)   *e.* 347
Saint-Aulaire.   *c.* 335; *e.* 85
Saint-Fargeau. (Michel)   *c.* 225
Saint-Foix. *Voyez* Poulain.
Saint-Georges, mulâtre.   *a.* 74; *b.* 130, 133, 302
Saint-Germain. (le comte de) *a.* 297; *b.* 413, 414;
                                                    c. 171
Saint-Huberti.   *d.* 160, 181, 194; *e.* 98
Saint-Lambert. *a.* 294, 387; *b.* 153, 197, 204;
    c. 133, 280, 293, 333, 391; *e.* 49, 90, 132
Saint-Marc.   *a.* 299; *c.* 297
Sainte-Palaye. (Lacurne.)   *a.* 220; *c.* 214, 260
Saint-Priest. (le chevalier de)   *b.* 68; *e.* 400
Saint-Prix, comédien.   *d.* 146
Saint-Réal.   *a.* 31
Sainte-Thérèse, tableau de Taillasson.   *e.* 30
Sainval (Mlle) aînée. *b.* 26, 290, 400, 415, 418;
                    c. 1, 3, 4; *d.* 231; *f.* 28
— Cadette.   *a.* 392, 394; *b.* 418; *c.* 98
Saliéri.   *d.* 198, 236, 237; *e.* 97, 192
Salle. (de la)   *d.* 83; *e.* 90
Salles. (Jean de l'Isle de)   *e.* 220
Salluste.   *d.* 15
Sargines, ou l'Elève de l'amour, comédie.   *e.* 179
Sartines.   *c.* 358
Satire au comte de ***, par Robbé. (1776) *a.* 390
Saurin. *a.* 48, 51, 66, 67; *b.* 345; *c.* 289, 303,
                                      329 *et suiv.*

SAURIN. (M.me) c. 212
SAUTREAU. (S.**) b. 397; c. 51, 99; d. 179, 209; e. 208, 314
SAUVIGNY. b. 236, 237; c. 49; d. 113, 189, 291
SAXE. (le maréchal DE) c. 129
Scanderberg, tragédie. e. 79
SCARRON. c. 362
SCHOWALOW. (le comte DE) a. 57; b. 269, 394, 421; c. 7, 11, 250, 365, 388; d. 268
SCUDERY. d. 227
SECHELLES, (DE) ministre des finances. a. 139
SECONDAT, fils de Montesquieu. d. 196
SEDAINE. a. 30, 32, 46, 48, 100, 120, 127, 166; b. 124, 321; c. 325; d. 2, 84, 110, 217, 267, 292, 332; e. 14, 22, 138, 185, 198, 317, 353, 366; f. 37, 64
Séducteur, comédie. d. 167, 190; e. 74
SÉGUIER, avocat-général. a. 335; b. 422; c. 260; e. 78, 122, 123
SÉGUR. c. 304; d. 92, 157, 233
— le vicomte. d. 158; e. 135, 207
Seigneur bienfaisant, (le) opéra. c. 158, 298
SÉLIS. a. 367, 369
Sémiramis, tragédie de Crébillon. b. 282
— de Voltaire. b. 282, 285
SENAC DE MEILHAN. e. 54 et suiv.
SÉNÈQUE. a. 235; d. 30, 155
Sénèque, (trad. de) par Dureau de Lamalle. a. 348
— par Lagrange. b. 234, 327

Sens commun. (le)	d. 89
Septchaînes, (M. de) traducteur de Gibbon.	b. 88, 190
Serment des trois Horaces, tableau de David.	e. 29, 116
Sermons de l'abbé Poulle.	b. 263
Servan, avocat-général.	d. 206
Serva Padrona. (Servante Maîtresse) la	a. 299
Servitude abolie en France sous le règne de Louis XVI.	b. 416; c. 111, 255
Shakespeare.	a. 345, 406, 417; b. 42, 179, 276; c. 1, 100, 220, 251; d. 51, 66, 126, 141, 192; e. 137; f. 67
Shelburne. (lord)	d. 331
Sicard. (l'abbé)	b. 109
Siècle de Louis XIV, par Voltaire.	a. 240
Siège de Calais, tragédie.	a. 106, 111
— Roman, par M.me de Tencin.	a. 347, 375
Siège de Cythère, opéra; paroles de Favart, musique de Gluck.	a. 218, 224, 232, 254, 272
Siège de Mézières, comédie.	e. 184
Sieyes. (l'abbé)	e. 372
Silhouette.	d. 141
Silvia. (M.lle)	d. 135
Simolin. (M. de)	e. 121
Siron.	d. 145
Sivry. (M.lle de)	d. 125, 131, 132
Skerlock.	c. 100
Soirée des Boulevards, (la) comédie	b. 15

SOLIMAN II. c. 273
SOLANDER. c. 75
SOLARD. (le comte DE) c. 171 et suiv.
Soldat Laboureur, (le) comédie. d. 83
Somnambule, comédie de Pont-de-Veyle. b. 310;
c. 168
— Autre comédie. c. 168
Songe d'Athalie, parodie par Champcenetz. e. 157
Sopha, (le) roman de Crébillon fils. a. 190; b. 11, 89
Sophie Francour, comédie. d. 83
SOPHOCLE. a. 7; b. 135, 180, 314; c. 132, 199, 354;
d. 66, 126, 295
Sorcier, opéra. b. 128
Soubrettes, (les) comédie de Laujon. b. 172
SOUFFLOT. b. 108
Souliers mordorés, (les) opéra de Laujon. a. 308,
311
Souper, (le) comédie par Fréron. a. 44
SPAENDONCK. c. 271; e. 158
Spartacus, tragédie. a. 67; c. 289, 330
SPENCER. (lady) b. 246
STAAL. (M.me DE) d. 5⟂
STAEL. (M.me DE) e. 158
STANISLAS, roi de Pologne. c. 278, 281
Statues, (les) opéra. b. 114
Stratonice, tragédie de Peyraud de Beaussol. a. 232
STROGONOF. (la comtesse DE) a. 117
Styles, (les) poëme, par Cournand. c. 230
SUARD. (S.**) b. 42, 117, 151, 153, 184, 238, 278,

392, 400; *c.* 61, 188, 201, 302 *et suiv.*; *d.* 198, 207, 240, 251

Sue, médecin. *e.* 101
Suite de Fanfan et Colas, comédie. *Voyez* Rose.
Suite des Entretiens sur l'opéra de Paris. *c.* 28
Sultan Misapouf, (le) conte de Voisenon. *a.* 292; *c.* 322
Supplément à l'Encyclopédie. *b.* 5
Sur la Caisse d'escompte. *e.* 271
Sur le Théâtre, par J. J. Rousseau. *a.* 211
Surprise d'amour, (la) comédie. *a.* 263
Suvée, peintre. *e.* 118
Sylvain, opéra. *b.* 115, 256, 303
Synonymes français, par Girard, Beauzée et Roubaud. *e.* 202
Système physique et moral de la femme, par Roussel. *a.* 303

T.

Tableau parlant, opéra. *b.* 256; *c.* 242
Tableau de Paris, par Mercier. *c.* 251
Tablettes chronologiques, par Lenglet Dufresnoy. *b.* 271
Tacite. *a.* 349; *b.* 277; *d.* 15, 62
Tactique, (la) par Guibert. *Voyez* Essai.
Taillasson, Peintre. *e.* 30
Talbert. (l'abbé) *b.* 141, 420
Talleyrand-Périgord, évêque d'Autun. *f.* 52, 110

Talma. *f.* 12, 30
Tancrède, tragédie. *a.* 26; *e.* 16
Tangu et Félime, poëme de La Harpe. *c.* 75
Tant mieux pour elle, conte de Voisenon. *a.* 292;
c. 322
Tanzaï ou l'écumoire. *b.* 12, 90
Tarare, opéra. *e.* 188 *et suiv.*, 192 *et suiv.*
Target. *b.* 70; *d.* 281, 305, 312; *e.* 170
Tartuffe, (le) de Molière. *a.* 40; *b.* 345; *d* 134
Tartuffe épistolaire démasqué (le) *b.* 232
Télémaque. *b.* 305; *d.* 103, 219; *e.* 200
— ballet. *f.* 19
Téléphe, roman de Pechméja. *d.* 219
Temple de Gnide. *b.* 306, 357
— de Lucine. *b.* 323
Tencin. (M.me de) *a.* 346; *b.* 32; *d.* 175
Térée, tragédie de Lemierre. *e.* 155, 169
Terrasse des Mareilles. *e.* 313, 314
Terray. (l'abbé) *b.* 88
Testament du cardinal de Richelieu. *c.* 9
Thalie à la nouvelle salle, comédie. *d.* 110
Thamas Koulikan, tragédie. *c.* 131, 148; *d.* 49
Théagène, tragédie de Dorat. *c.* 71, 81
Théâtre à l'usage des jeunes personnes. *e.* 19
— choisi de Corneille. *d.* 103
— d'éducation, par M.me de Genlis. *b.* 358, 388;
c. 40, 243; *d.* 63
— de société, par M.me de Genlis. *c.* 243
Théâtre Feydeau. *e.* 265; *f.* 94

Théâtre de Monsieur. (*Voyez* théâtre Feydeau.)
— du Marais. *f.* 93
Thémistocle, opéra. *e.* 23, 80
Théocrite. (trad. de) *b.* 65, 124
Théodore, opéra. *d.* 323
Théodore. (Mlle) *c.* 160; *d.* 143
Théorie de l'impôt, par Mirabeau. *a.* 160
— des Jardins, par Morel. *a.* 366
— des Lois, par Linguet. *a.* 87
— du Libelle, par Linguet. *a.* 103, 135; *d.* 331
— du Paradoxe, par Morellet. *a.* 92, 96; *d.* 331
Thésée, opéra de Quinault. *b.* 45, 335; *c.* 325
Thomas. *a.* 121, 137, 226, 391; *b.* 30, 178, 188, 189, 342; *c.* 120, 253; *d.* 88; *e.* 10, 14, 22, 44 et suiv.; *f.* 63
Tibère, tragédie par Fallet. *d.* 16, 28, 43
Tibulle, trad. par Pezay. *a.* 175
Timocrate, tragédie. *d.* 263
Tite-Live. *d.* 15, 31, 60
Titus, tragédie de Dubelloy. *a.* 109, 373
Tobie, par Mme de Genlis. *e.* 19
Toison d'or, (la) opéra, paroles de Dériaux. *e.* 90; 178, 213
Tom Jones, roman. *b.* 22
— à Londres, comédie. *d.* 36, 140, 314
— opéra. *b.* 128
Tonnelier, acteur. *a.* 254
Tort. *a.* 77, 101
Tott. (le baron de) *b.* 68; *d.* 299

TOURAILLE. (le comte DE) *b.* 339
TOURVILLE. (statue de) *c.* 272
Traductions d'Aulugelle, etc. etc. etc. *Voyez* à la lettre des auteurs et des ouvrages.
Traité de l'usure. *b.* 5
— des délits et des peines, par Beccaria, trad. par Morellet. *a.* 182; *d.* 332
— imprimé en italien, par Didot. *c.* 189
— des fiefs. *b.* 5
— de vénerie. *b.* 5
— sur le bonheur, par Mme du Châtelet. *c.* 294
— sur les bienfaits, par Sénèque, trad. par Dureau. *a.* 348
— sur les maladies des artisans. *b.* 138
TRENCK. *e.* 357
Trente-sept vérités, etc. (les) *c.* 224
Trésor généalogique de la France. *b.* 183
TRESSAN. (le comte DE) *c.* 6, 35, 41, 120, 152, 154, 195, 235, 280, 295; *d.* 64, 185, 213
TRIAL, musicien. *a.* 35
— (Mme) comédienne. *a.* 257
Trois âges de l'Opéra, (les) prologue. *b.* 229
— fermiers, opéra. *b.* 117, 321; *d.* 134
— inconnues. *d.* 83
— jumeaux Vénitiens. *c.* 55
— Sultanes, comédie de Favart. *a.* 293
TRONCHIN. *b.* 203, 211, 240; *c.* 120
Troupe de Monsieur, (second théâtre Français). *a.* 95

ALPHABÉTIQUE. 211

Troyennes, (les) tragédie de Chateaubrun. *a.* 105;
              d. 155
Trudaine, intendant des finances.   *a.* 67
Tschoudi. (le baron de)   *b.* 412; *d.* 235
Turcaret.   *b.* 310; *c.* 397
Turgot. *a.* 65, 120, 128, 147, 162, 393; *b.* 161;
  c. 208 et suiv., 224 et suiv.; *d.* 48, 331
Turpin.   *c.* 220
— (la comtesse de)   *c.* 321
Tuteur dupé. (le) *Voyez* Maison à deux portes.
Tuteurs, (les) comédie de Palissot. *a.* 132; *c.* 353;
              e. 90
Tyrée, acte de Rameau.   *a.* 296

U.

Ulysse, tragédie de Rochefort.   *c.* 354
Union de l'amour et des arts, (l') opéra, musique de
 Floquet.   *b.* 179, 203, 382, 410
Ussieux. (d') *Voyez* Dussieux.

V.

Vadé.   *a.* 333; *d.* 151
Vadé. (M.lle)   *a.* 333
Vagnières, secrétaire de Voltaire.   *b.* 248
Vagonini, chanteur.   *f.* 94
Vaines. (de) [V….]   *b.* 75; *e.* 202

VALAYER, (M.lle) peintre. *b.* 161; *c.* 271
VALBELLE. (M. DE) *b.* 420; *c.* 69, 157; *d.* 314; *e.* 130
VALENCIENNES, peintre. *e.* 119
VALLIÈRE. (M.me DE LA) *e.* 144
VANHOVE. (M.lle) *e.* 35
VANLOO. *b.* 301
Varbeck, nouvelle historique, par Arnaud. *a.* 31
VASSEUL, (Catherine) de Noyon. *e.* 187
VATELET. *a.* 49; *d.* 216; *e.* 22, 198
VAUDREUIL. (M. DE) *d.* 165; *e.* 135
VAUGUYON. (DE LA) *c.* 387
VAUVILLIERS. *b.* 257
VAUXCELLES. *Voyez* BOURLET.
Veillées du château. (les) *d.* 243
Veillée villageoise, comédie-vaudeville. *c.* 242
VEISSE. *d.* 30
VELLY. *b.* 252
Venceslas, tragédie de Rotrou. *b.* 380
Vendangeurs, comédie-vaudeville. *c.* 154, 242
Venise sauvée, tragédie. *b.* 21; *d.* 120
VERGENNES. *c.* 166; *d.* 107
VERNET, peintre. *a.* 266; *b.* 160; *c.* 271; *e.* 30, 120
VERONS. *a.* 1 *et suiv.*
Verrines (les) de Cicéron. *e.* 122
VERRUE. (M.me DE) *c.* 306
VERTEUIL. (l'abbé DE) *a.* 336
VERTOT. (l'abbé DE) *d.* 60
Vestale, (la) drame. *Voyez* Ericie.

Vestris. (M.me) b. 26, 135, 136, 400, 415; f. 12, 30

Vestris. b. 28, 167, 222, 337; c. 160; d. 327

Veuvage trompeur, comédie de Laplace. b. 23

Veuve de Cancale, parodie. d. 129

— de Sarepth, (la) par M.me de Genlis. e. 19

Veuve du Malabar. c. 90 *et suiv.*, 102, 111, 116, 117, 119, 297; d. 129; e. 135

Vezel. d. 30

Vicomte de Barjac, roman par Luchet. d. 223

Vicq-d'Azyr. e. 76, 125, 178, 187, 311, 322.

Victimes Cloîtrées, (les) drame de Monvel. f. 107

Vie de Catinat. a. 49

— de Marguerite de Valois. b. 82

— de mon père, par Rétif. c. 386

— de Philippe II. b. 286

— de Sénèque. b. 327; c. 347

— de Sobieski. d. 47

— des peintres, par M. de la Ferté. a. 332

— de Voltaire, par Duverney. e. 69 *et suiv.*

— du Maréchal de Villars, par Anquetil. d. 253

— du Pape Ganganelli. (Clément XIV.) a. 124

— privée de Louis XV. c. 212

— privée des Français. c. 221

Viéland. b. 191

Vien. c. 271; e. 30

Vieux garçon. d. 49

Vigée. d. 83, 264; e. 166, 184, 285, 346

Villaret. b. 252

VILLARS. (le maréchal DE) b. 289; d. 253
VILLENEUVE, (Mlle) comédienne. a. 184
VILLEQUIER. (le duc DE). e. 100
VILLEROI. (la duchesse DE) b. 310
VILLETTE. (le marquis DE) b. 172, 203, 213, 247, 273; c. 76; d. 87
VILLETTE. (Mme DE) b. 203, 226
VILLEVIELLE. (le marquis DE) b. 212
VINCENT DE PAULE. d. 296
VINCENT, peintre. e. 30, 117
Vindicatif, drame de Dudoyer. c. 113
VINTIMILLE. (Mme) d. 162
VIRGILE. d. 181 et suiv.
Virgile, trad. de Desfontaines. a. 338
Virginie, sujet de tragédie. d. 31
Virginie, tragédie de La Harpe. d. 18
Vision de Palissot, par l'abbé Morellet. a. 181; d. 330
VISMES. (DE) c. 68
VIVETIÈRES. (DES) *Voyez* MARSOLLIER.
VOGEL, musicien. e. 90, 253
VOGUÉ. (Mme la comtesse DE) b. 294
VOISENON. (FUSÉE, abbé de) a. 290, 301, 353, 376, 416; b. 399; c. 321, 358; e. 149
— (Mme DE) a. 301
VOITURE. c. 74, 277; d. 211
VOLANGE. (Jeannot) c. 55, 66
VOLNEY. e. 304
VOLTAIRE. a. 7, 26, 28, 61, 90, 112, 133, 163, 182, 194, 195, 204, 226, 228, 235, 238, 244,

245, 259, 271, 301, 305, 339, 341, 346, 348, 355, 360, 369, 373, 390, 391, 393, 398, 405, 417, 420; — *b*. 6, 18, 31, 39, 41, 58, 72, 91, 134, 157, 161, 179, 180, 187, 193, 202, 203, 210, 211, 218, 223, 225, 227, 230, 238, 239, 247, 259, 265, 273, 279, 281, 290, 294, 296, 300, 301, 306, 311, 320, 322, 325, 339, 342, 345, 377, 384; — *c*. 7, 9, 13, 35, 46, 68, 76, 82, 86, 100, 114, 128, 129, 136, 138, 144, 161, 168, 183 *et suiv.*, 188, 202, 215, 225, 247 *et suiv.*, 252, 272, 274, 277. 280, 320, 321, 377, 398; — *d*. 1, 13, 48, 56, 60, 61, 98, 105, 147, 194, 196, 201, 209, 239, 243, 264, 325, 328; — *e*. 204; — *f*. 41, 76

Voltaire et le Serf du Mont-Jura.	*d*. 11
Voltairomanie.	*c*. 248
Voon.	*b*. 143
Voyage dans l'Amérique septentrionale, par Robin.	*d*. 29
——— par M. de Châtelux.	*e*. 80, 215
— dans les Deux-Siciles, par Swinburne, trad. par Laborde.	*e*. 113
— d'Arabie.	*b*. 5
— De la Grèce, par Choiseul-Gouffier.	*d*. 185
— de la Raison, par Voltaire.	*a*. 91
— de Provence, par Lefranc de Pompignan.	*d*. 202
— d'Italie, par Dupaty. *Voyez* Lettres sur l'Italie.	
— du jeune Anacharsis en Grèce.	*c*. 348, 381
— en Egypte et en Syrie, par Volney.	*e*. 304

Voyage en Italie, par Clément. *Voyez* Lettres contenant le journal d'un Voyage fait à Rome en 1773.
— En Sicile et à Malte, par Brydone, trad. par Demeunier. *a.* 149; *e.* 112
— littéraire de la Grèce, par Guis. 67
— pittoresque de Paris. *b.* 272
— de Rosine, vaudeville. *d.* 116
Voyageur français. *c.* 45
Vrillières. *b.* 86
Vues patriotiques sur l'Education du Peuple, par Philippon-la-Madelaine. *d.* 218

W.

Wallis. *c.* 75
Warens. (Mme de) [W.**] *c.* 374
Warwick, tragédie de La Harpe. *a.* 217, 361; *c.* 367; *d.* 126, 214
Washington. *d.* 291
Watelet. *Voyez* Vatellet.
Watson. *b.* 286
Wille, peintre. *a.* 266
Williams. *c.* 100
Wilkes. (Portrait de) *a.* 196

X.

Xénophon, (trad. de) par Dassier. *b.* 105

— par le comte de la Luzerne. *b*. 105
— par Charpentier. *b*. 105
— par Larcher. *b*. 223
Ximénès. *d*. 217; *e*. 65; *f*. 81

Y.

Yart. (l'abbé) *a*. 417
Young. *a*. 228, 345; *b*. 357

Z.

Zarès, tragédie de Palissot. *a*. 132
Zaïre, tragédie. *a*. 356; *b*. 205, 339; *d*. 74
Zelmire, tragédie de Dubelloy. 110, 374
Zémire et Azor, opéra de Marmontel, musique de Grétry. *b*. 115, 256
Zénéide. *d*. 217
Zingarelli. *f*. 18
Zoraï, tragédie. *d*. 27, 34
Zoraïde, tragédie de Pompignan. *d*. 205
Zoramis, tragédie de Dorat. *c*. 71
Zulica, tragédie de Dorat. *c*. 19, 81, 82
Zulima, opéra féerie de Lanoue, musique de Dézaide. *b*. 245
Zuma, tragédie de Lefebvre. *a*. 405; *b*. 13, 56, 104

A la page 209 du tome 4, M. de La Harpe cite les noms de plusieurs auteurs. Nous n'avons pas cru devoir reporter ces articles dans la table.

Voici la liste des anonymes que plusieurs raisons nous ont empêché de dévoiler, ou dont nous n'avons découvert les noms que pendant l'impression.

C.**	b. 62
G.**	c. 67
G.**	d. 210
H.**	c. 288
L.** (Luchet.)	d. 223
M.**	c. 37
P.**	b. 35, 46
P.**	c. 293
R.**	d. 141
S.**	d. 45

FIN DE LA TABLE.

ERRATA.

Tome V, page 39, ligne 2, *portant ;* lisez : *partant.*

Idem, page 176, ligne 25, *manière ;* lisez : *matière.*

Tome VI, dans la table, page 164, *Gabrielle de Passy, par Parisau ;* lisez : *par Imbert et Dussieux.*

Page 191, Poésies diverses insérées dans les six volumes. Anonymes ; *ajoutez :* c. 288.

Page 192, Poésies de François de Neufchâteau, b. 215 ; *ajoutez :* 224.

NOTICE

Des Ouvrages imprimés chez M<small>IGNERET</small>, rue du Sépulcre, N.° 20.

J<small>OURNAL</small> de Médecine, Chirurgie, Pharmacie, etc., par MM. Corvisart, Leroux et Boyer, Professeurs à l'École de Médecine de Paris, faisant suite à l'ancien Journal rédigé par MM. Vandermonde et Roux; septième année, avec le Bulletin de l'École et de la Société de Médecine, composé de douze cahiers, et chaque cahier de six feuilles grand *in*-8.

    Prix de l'abonnement pour l'année: pour Paris, 15 f.
    Et pour les départemens, franc de port. 18 f.

Le Pseautier, en français, traduction nouvelle, avec des notes pour l'intelligence du texte, et des argumens à la tête de chaque pseaume; précédé d'un discours sur l'esprit des livres saints et le style des Prophètes; par J. F. La Harpe, un vol. *in*-8, br. 4 f.

Le Salut public, ou la Vérité dite à la Convention, par le même,

Acte de garantie pour la liberté individuelle, la sûreté du domicile, et la liberté de la presse, par le même,
} 1 f. 50 c.

Oui ou Non, *in*-8, par le même, 30 c.

La Liberté de la Presse défendue par La Harpe contre Chénier, *in*-8, 50 c.

De la Guerre déclarée par nos derniers tyrans à la Raison, à la Morale et aux Arts, *in*-8, par le même, 1 f.

De l'Etat des Lettres en Europe, depuis la fin du siècle qui a suivi celui d'Auguste, jusqu'au règne de Louis XIV, *in*-8, par le même, seconde édition, 1 f. 25 c.

Du Fanatisme dans la Langue révolutionnaire, ou de la Persécution suscitée par les Barbares du dix-huitième siècle, contre la Religion chrétienne et ses Ministres, *in*-8, par le même, troisième édition, 2 f. 25 c.

Réfutation du Livre de l'Esprit, un vol. *in*-8, br., par le même, 2 f. 40 c.

La Correspondance littéraire, adressée à S. A. I. le Grand Duc, aujourd'hui Empereur de Russie, par le même, seconde édition, 6 vol. *in*-8. 24 f.

Œuvres choisies et posthumes de M. de la Harpe, de l'Académie Française, avec le portrait de l'Auteur. Quatre volumes *in*-8. Prix : 24 fr. pour Paris, et 30 fr. par la poste. On en a tiré quelques exemplaires sur papier fin d'angoulême. 30 fr.

Génie du Christianisme, ou Beautés de la Religion chrétienne, par M. F. A. Châteaubriand. 4 vol. *in*-4, cart. papier vélin, avec la Défense, et neuf gravures avant la lettre, 108 f.

Le même, *in*-8, sur papier vélin, et neuf gravures aussi avant la lettre, 4 vol. cart., et la Défense, 75 f.

Le même, *in*-18, papier ordinaire, 12 f.

Le même, papier fin, avec fig. 15 f.

Le même, papier vélin, fig. avant la lettre. 24 f.

Atala, ou les Amours de deux Sauvages dans le désert, 1 vol. *in*-18, par le même, 5.ᵉ édition, 1 f. 50 c.

Le même, sur papier vélin, 3 f.

Théâtre Classique, ou Esther, Athalie, Polyeucte et le Misanthrope commentés ; ouvrage prescrit et adopté par la Commission des Livres Classiques, pour l'enseignement des Lycées et des Écoles secondaires. Publié par F. Roger, Membre de la Commission. Un vol. in-8. 4 fr. 50 c.

Le Charlatanisme philosophique de tous les âges dévoilé, ou Histoire critique des plus célèbres philosophes, avec la comparaison des anciens et des modernes ; par P. V. J. de Bourniseaux (de Thouars), de la Société libre des Sciences, Belles-Lettres et Arts de Paris, etc. Deux vol. in-8, avec figures. 8 fr.

Flora Gallica, seu enumeratio plantarum in Galliâ sponte nascentium ; auctore J. L. A. Loiseleur Deslongchamps, Doctore Medico Parisiensi. Deux vol. in-12, caract. petit-texte, avec XXI figures en taille-douce. 12 fr.

Tableau chronologique des principaux évènemens qui ont eu lieu en Europe et dans les autres parties du monde, depuis 1789 jusqu'en 1806 inclusivement, par M. Ch.** 1 fr. 50 c.

Oraisons funèbres de Jacques-Bénigne Bossuet, avec un Commentaire par M. Bourlet de Vauxcelles, abbé de Massay, 1 vol. *in*-8, br. 4 f. 50 c.

Les six âges de l'Histoire sainte, depuis la création du Monde, jusqu'à la naissance de Jésus-Christ, par M. Belleserre, ancien Avocat, 1 vol. in-12, 2 f.

De la Morale universelle, ramenée à un seul principe,

1 vol. *in-*8, 3 f. 60 c.

Lettres d'une Péruvienne, par madame de Graffigny, avec la traduction italienne de M. Deodati, accentuée pour faciliter la prononciation de cette langue ; nouvelle et magnifique édition, ornée du portrait de l'Auteur, gravé par M. Gaucher, et de six belles gravures exécutées par les meilleurs artistes, un vol. gr. *in-*8, 9 f.

Le même, sur papier Jésus, premières épreuves, 12 f.

Le même, sur papier Jésus satiné, 24 f.

* Les personnes des Départemens paieront, en outre, 1 fr. 50 cent.

Lettres à Madame de T.*** sur un voyage d'Italie en Hollande ; suivies de quelques poésies détachées, par M. de Gourbillon, 1 vol. *in-*18 avec figures. 3 f.

Les Ruines, ou Voyages en France, par Adrien Lezay, *in-*8, quatrième édition, 1 f. 25 c.

Qu'est-ce que la Constitution de 91 ? par le même *in-*8, 1 f. 25 c.

Recueil des Opinions de Stanislas de Clermont-Tonnerre, 4 vol. *in-*8, brochés, 15 f.

Style suivant le Code de Procédure Civile, avec des notes, des formules d'Actes, de procès-verbaux et conclusions ; par M. André Lombard, ancien Avocat au barreau de Dijon. Cet ouvrage, utile à tous ceux qui se destinent à remplir les fonctions d'Avocat, d'Avoué, ou d'Officier ministériel, forme 2 vol *in-*8, 10 f. 50 c.

Notes sur la forme de procéder devant les Tribunaux de Commerce, suivant les dispositions du titre XXV du Code de procédure civile, et modèles de plusieurs actes à faire pour l'instruction des procès ; par M. Legras, Avocat au Conseil d'État. 2 fr. 50 c.

Observations critiques sur les Leçons d'Histoire de Volney, suivies d'un chapitre contre l'Athéisme, par M. Jondot, Professeur d'histoire, 1 vol. *in-*8, br. 3 f.

Le Ministère de l'Homme-Esprit, avec cette épigraphe,

    L'homme est le mot de toutes les énigmes
    de l'esprit des choses.

Par le Philosophe inconnu, 1 vol. *in-*8, broché, 5 f.

Manuel nécessaire au Villageois, pour soigner les abeilles, les dépouiller sans leur nuire, les transvaser. etc. etc. avec deux gravures ; par C. P. Lombard, des Sociétés d'Agriculture de Paris et de Versailles, troisième édition, br. 2 f. 25 c.

Traité complet d'Anatomie, ou Description de toutes les

parties du Corps humain; par A. Boyer, 4 vol. in-8, seconde édition, 22 f.

Leçons de M. A. Boyer sur les Maladies des Os; rédigées en un Traité complet de ces Maladies, par A. Richerand, 2 vol. in-8, avec figures, 7 f. 50 c.

Lettres élémentaires sur la Chimie, d'après les cours dirigés par les Professeurs Bertholet, Fourcroy, Chaptal, Guyton, etc. par M. Octave Ségur, 2 vol. in-12, avec huit planches, br. 6 f.

Le même, avec gravures enluminées, 12 f.

L'Art de procréer les Sexes à volonté, troisième édition, augmentée de la solution de plusieurs questions, etc. 1 vol. in-8, orné de grav. Par J. A. Millot, Membre des ci-devant Collège et Acad. de Chirurgie, br. 6 f.

Supplément à tous les Traités, tant étrangers que nationaux, sur l'Art des Accouchemens, 1 vol. in-8, avec figures, par le même, br. 5 f.

Observation sur l'amputation de la cuisse, nécessitée par le Spina Ventosa, du tibia et du péroné, chez un sujet écrouelleux, et qui a été suivie du plus heureux succès, par M. C. B. Lagrésie, Docteur Médecin, etc. 73 c.

Mémoires et Observations de Médecine Pratique, 1 vol. in-8. par le même. 4 f. 50 c.

Essai sur les Monographies Médicales, par M. Varéliaud, br. in-8. 75 c.

Moyens propres à sauver les équipages d'une partie des vaisseaux qui viennent échouer et périr à la côte, par les naufrages, etc. par M. Ducarne de Blangy. 75 c.

Du projet annoncé par l'Institut National de continuer le Dictionnaire de l'Académie Française, par A. Morellet. 1 f. 20 c.

Souvenir d'un Voyageur sans prétention, par M. M.***, 2 vol. in-12. 3 f.

L'Avocat, comédie, par M. Roger. 1 f. 20 c.

Mélanie, drame, par M. de la Harpe. 1 f. 50 c.

Philoctète, tragédie, par le même. 1 f. 50 c.

Virginie, tragédie, par le même. 1 f. 50 c.

Honorine, ou la Femme difficile à vivre, comédie en trois actes, en prose, mêlée de vaudevilles, par J. B. Radet.

Le Mariage de Scarron, comédie en un acte et en prose, mêlée de vaudevilles, par P. J. Barré, Radet et Desfontaines.

Le Pari, ou la Paix, par les mêmes.

Epître aux Femmes, par Vincent Campenon; suivie d'un discours en vers, sur l'erreur; par M. Petitot. 40 c.

www.ingramcontent.com/pod-product-compliance
Lightning Source LLC
Chambersburg PA
CBHW051917160426
43198CB00012B/1931